DOCUMENTS POUR L'HISTOIRE D'HAITI

RÉVOLUTIONS
DE 1888-1889

ACTES DES TROIS DÉPARTEMENTS
DU NORD, DU NORD-OUEST ET DE L'ARTIBONITE,
ET DU GOUVERNEMENT PROVISOIRE
DU 27 NOVEMBRE 1888

RECUEILLIS ET ANNOTÉS

PAR

M. E. MATHON
Secrétaire du Conseil des Ministres

PARIS
IMPRIMERIE DE LA FACULTÉ DE MÉDECINE
HENRI JOUVE
15, RUE RACINE, 15

1890

DOCUMENTS POUR L'HISTOIRE D'HAITI

RÉVOLUTIONS
DE 1888-1889

DOCUMENTS POUR L'HISTOIRE D'HAITI

RÉVOLUTIONS
DE 1888-1889

ACTES DES TROIS DÉPARTEMENTS
DU NORD, DU NORD-OUEST ET DE L'ARTIBONITE,
ET DU GOUVERNEMENT PROVISOIRE
DU 27 NOVEMBRE 1888

RECUEILLIS ET ANNOTÉS

PAR

M. E. MATHON
Secrétaire du Conseil des Ministres

PARIS
IMPRIMERIE DE LA FACULTÉ DE MÉDECINE
HENRI JOUVE
15, RUE RACINE, 15

1890

ACTES
DU
GÉNÉRAL SÉIDE THÉLÉMAQUE
ET DU
COMITÉ RÉVOLUTIONNAIRE DU CAP HAITIEN

DÉCLARATION

AU PEUPLE ET A L'ARMÉE

Citoyens et Soldats !

Au moment où je me délie de la parole que j'ai donnée au général Salomon de soutenir son gouvernement jus-

---

1. Biographie du général Séide Thélémaque (*Une année de Journalisme*, p. 12).

LE GÉNÉRAL SÉIDE THÉLÉMAQUE

Il n'est pas nécessaire de faire un grand effort pour écrire une biographie du général Séide Thélémaque, pour le faire connaître et estimer. Il y a déjà longtemps qu'on le connaît et qu'on l'estime dans toutes les parties du pays. Sa vie publique et sa vie privée ont fait de lui un citoyen sur lequel compte la République.

Il est de 1827, fils d'un homme célèbre, mort dans les cachots de Port-au-Prince, victime, sous l'empereur Soulouque, de l'énergie avec laquelle il soutenait ses convictions républicaines et démocratiques.

Tout le monde sait comment a péri Séide Thélémaque, son père, chef du 30me régiment de ligne.

C'est dans ce même 30me régiment que son fils, le général Séide

qu'aux dernières limites du possible, je sens le besoin d'éclairer le Pays et mes concitoyens sur le mobile de ma conduite politique.

Thélémaque qui milite actuellement, a fait son entrée dans la vie publique.

Il y a suivi, soldat dévoué, sa carrière militaire. Il a obtenu tous ses grades, successivement mérités, par ses services, depuis 1843, l'année où tomba le président Boyer.

Dans la mémorable révolution qui a renversé le président Geffrard, devenu l'ennemi des libertés publiques, le général Séïde Thélémaque a défendu la cause du droit avec un courage et un élan qui l'ont rendu populaire, légendaire, dans toute la République.

Personne n'a oublié le vaillant commandant du fort *Saint-Michel*.

Sous le Gouvernement du président Salnave, il a occupé le poste important du Palais National, où, par l'aménité de son caractère et la bienveillance qu'il mit dans toutes ses relations d'homme de bien et de bon citoyen, il s'est concilié l'estime de toute la société de Port-au-Prince.

Il a, dans le même moment, inspiré les mêmes sentiments à toute la République, qui l'a vu avec la plus vive satisfaction, arriver au commandement de l'arrondissement du Cap, après avoir exercé si honorablement le commandement de l'important arrondissement de la Grande-Rivière.

Fatigué des excès de pouvoir et des violences intolérables du général Salomon, qui avait fait du pays sa propriété et des Haïtiens ses sujets, le général Séïde Thélémaque a eu le courage patriotique de se lever contre ce despotisme insupportable et a relevé la liberté dans le pays.

Son passé, son caractère, ses opinions publiques, ses sentiments de conciliation, son esprit éclairé, son patriotisme tout filial, font de lui le citoyen sur lequel la République compte en ce moment pour entrer dans une féconde époque de paix fraternelle et de progrès.

Le général Séïde, qui est la personnification du véritable sentiment du bien public, est bien en situation aujourd'hui de rassurer

En acceptant de servir le gouvernement du général Salomon, j'ai pris l'engagement solennel de l'aider à réaliser le plus grand bien possible au bénéfice de notre chère Patrie. Malheureusement, abusant du sentiment de *fidélité militaire* qui porte ses lieutenants à fermer les yeux sur bien des points, pour ne penser qu'à l'obligation qu'ils ont de le maintenir au pouvoir, ce Chef d'Etat, à l'inverse de son programme mensonger, n'a fait que plonger la République dans un abîme de maux, par la corruption des mœurs politiques, par la perversion des esprits et par un gaspillage des deniers publics inouï dans nos annales administratives.

Peut-être, dès les premières années du règne du général Salomon, on pouvait sentir la pente funeste d'un système politique où la liberté individuelle n'a jamais été qu'un vain mot, où la Constitution, devenue aussi élastique que les caprices du Chef, n'a pourtant jamais été respectée, au point que des Sénateurs et des Députés n'étaient pas plus à l'abri de la prison que le commun des citoyens. Mais, encore que j'aie toujours gémi dans mon cœur d'honnête homme, en voyant ces procédés arbitraires si bien faits pour démoraliser un peuple, j'ai continué à soutenir le gouvernement, en pensant que nous venions de traverser une époque de trouble et d'anarchie et qu'on ne

le pays et de créer un gouvernement propre à relever, dans le sens pratique de ces mots, les affaires de la République.

Serviteur fidèle et zélé du peuple qui le connaît depuis longtemps et qui l'aime, il se tient prêt à faire et à bien faire ce que le pays voudra demander à son dévouement de soldat et de citoyen éclairé, plus éclairé qu'on ne le croit.

devait reculer devant aucun sacrifice pour remettre le Pays sur un pied de paix réelle et fructueuse, seule condition de progrès pour un jeune état comme le nôtre.

C'est dans ces entrefaites qu'éclata la fameuse insurrection de 1883, qui n'a été que l'aboutissement d'une longue agitation. Il est inutile de dire comment elle a été réprimée.

Ce qui est à noter, c'est que tous les patriotes, qui avaient confiance dans l'honnêteté et la probité du général Salomon, espéraient qu'avec la paix ce chef allait enfin réaliser toutes ses belles promesses. Mais il semble qu'il n'attendait que la disparition de ses plus remarquables adversaires politiques pour s'élancer plus résolûment dans ce régime de tyrannie et de désordre administratif et financier, qui ont si malheureusement influé sur la République.

En dehors et à l'insu des commandants d'arrondissement, qui paraissent responsables de la situation, le général Salomon entretient une foule d'agents occultes tirés intentionnellement de la pire catégorie et qui ont plus de crédit que leur chef immédiat. C'est ainsi qu'on ne saurait tenter aucune entreprise d'une certaine utilité, sans qu'on reçoive l'ordre de discontinuer, sous prétexte de ne point mécontenter le peuple, qui n'est ici représenté aux yeux du despote que par ces vils agents.

Pour combler la mesure, ce gouvernement qui se montre si énergique pour faire le mal, semble n'avoir aucun pouvoir pour opérer le bien. Près de la moitié de la ville de Port-au-Prince, capitale de la République, a disparu dans les flammes. Les édifices publics de la plus haute importance, tels que la Chambre des Députés, la Chambre des Comptes, le Tribunal civil, etc., ont été incendiés. Eh bien, aucune enquête sérieuse n'a été faite, et pour couronner le scandale par un nouveau forfait, on a fusillé *sans jugement* un malheureux que tout faisait croire innocent !...

Aux yeux de tout homme clairvoyant, les conséquences d'un tel système ne peut nous conduire qu'à la perte de notre autonomie ; car lorsque tout lien social est brisé, lorsqu'il n'y a de sécurité ni pour les personnes, ni pour les propriétés, lorsque la qualité d'étranger est devenue un avantage enviable, dans son propre pays, rien ne peut plus maintenir l'amour de l'Indépendance nationale.

Un officier d'honneur ne peut continuer à soutenir un ordre de choses aussi funeste, sans violer sa conscience d'homme et de citoyen, sans se rendre coupable envers le Pays, au service duquel il doit tirer son épée en face et contre tous.

C'est donc le sentiment de mon devoir d'haïtien et de patriote qui m'a dicté ce que j'ai fait.

En proclamant la Révolution, je ne suis guidé par aucun sentiment personnel. J'ai fourni plus de quarante ans de service actif au bénéfice de mon pays ; depuis plus de vingt ans, j'ai été chargé de postes importants, soit sous le général Salnave, soit sous le général Domingue, soit sous le général Boisrond-Canal, ou sous le général Salomon même. Nul n'a donc plus de droit que moi de prétendre à la première Magistrature de l'Etat.

Cependant j'aime trop ma patrie pour me placer sur un terrain égoïste.

La Révolution a pour unique but de renverser un régime tyrannique et dilapidateur. Lorsque le tyran aura disparu du siège présidentiel, le peuple sera appelé à nommer librement ses mandataires, lesquels auront à leur tour à reviser la Constitution et nommer un chef d'Etat. Si le libre choix de cette assemblée m'appelle au pouvoir, je l'accepterai avec l'engagement formel de rétablir l'ordre dans les finances, de relever le travail agricole et industriel et de laisser à mes concitoyens toutes les libertés nécessaires ; de même, si le choix en désigne un autre aussi digne de la confiance nationale, je serai le premier à lui prêter mon concours, tout le temps que les intérêts du pays et les libertés publiques ne seront point en danger.

J'ai déclaré loyalement mon opinion et les motifs qui m'ont porté à lever le bouclier de la Révolution dans la noble et valeureuse ville du Cap ; j'espère que tous les vrais patriotes, sans arrière-pensée, se réuniront à moi pour le relèvement de notre cher Pays. Lorsque la Patrie agonise sous un joug qui la ruine et l'avilit, il n'est permis à aucun citoyen de rester sourd à sa voix.

Crions donc, d'un bout à l'autre de la République :

A bas le général Salomon !

A bas le Despotisme !

Vivent les Institutions !

Vive la Liberté !

Vive le Progrès !

Vive l'Ordre !

S. THÉLÉMAQUE, *Général en Chef de la Révolution !*

Cap-Haïtien, le 5 août 1888, an 85e de l'Indépendance.

LIBERTÉ   ÉGALITÉ   FRATERNITÉ
RÉPUBLIQUE D'HAITI

PROCLAMATION

LE COMITÉ RÉVOLUTIONNAIRE DU CAP-HAITIEN

Concitoyens,

La Révolution proclamée au Cap, contre le gouvernement du général Salomon, a immédiatement gagné tout le département du Nord.

Elle ira de triomphe en triomphe jusqu'à la Capitale.

L'heure marquée pour la chute du tyran a sonné et il n'y pas un seul Haïtien qui puisse rester sourd à son écho.

Depuis neuf ans, nous avons vécu sous un régime honteux et avilissant. Après que nos pères eurent accompli tant de hauts faits pour nous réserver une patrie où nous puissions vivre et développer nos aptitudes à l'ombre de la liberté ; après que nous avons livré tant de luttes pour retirer notre pays des serres du despotisme, un homme a surgi avec le masque de l'hypocrisie qui, en trompant ennemis et amis, dans un moment de confusion, s'est fait élire à la première magistrature de l'Etat.

La République, fatiguée des mouvements stériles et des révoltes intempestives, avait soif de la paix et chacun oubliant franchement le passé, se montrait confiant dans un chef qui, à une réputation de capacité — usurpée, il est vrai, — réunissait une grande et une longue pratique de la civilisation européenne.

Cette confiance semblait se justifier par le programme

que publia le général Salomon, en prenant les rênes du Gouvernement, mais ce n'était qu'un leurre.

Au lieu de la fusion que ce chef avait promise au Pays, en déclarant qu'il n'appartenait à aucun parti, on l'a vu peu à peu, infuser dans la République un esprit de méfiance et de terreur, qui est la mort de toute relation sociale. Les deniers de l'Etat détournés de leur destination naturelle font les frais d'un système d'espionnage poussé si loin qu'aucun citoyen n'a assez de confiance, même dans un ami, pour oser se plaindre d'une situation qui fait gémir chacun en silence.

Pour se perpétuer au pouvoir et en user en maître, le général Salomon, parjure au serment qu'il a prêté, d'observer fidèlement la Constitution déjà modifiée à son gré, a, dès son entrée aux affaires, commencé à exercer des actes arbitraires attentatoires à toutes les libertés. Sur tous les points de la République, des citoyens paisibles ont été inquiétés, emprisonnés sans jugement.

La plupart ont gémi des années dans les cachots de Port-au-Prince jusqu'au moment où le bon plaisir du tyran a décidé de les libérer. Des députés, des Sénateurs même ont été illégalement arrêtés et emprisonnés, sans autre justification que la volonté despotique du général Salomon.

Jamais on n'a vu commettre plus de forfaits politiques, sans même pouvoir en appeler à la raison d'Etat.

Le général Salomon, pour arriver à commettre impunément tant et de si criantes iniquités, s'est surtout servi des revenus publics qu'il a toujours considérés comme sa chose personnelle.

Pour leurrer le peuple, il avait promis de fonder une Banque nationale qu'il annonçait comme un panacée administratif, économique et financier.

Mais cette Banque, dont l'institution pourrait être sérieusement utile au développement du crédit public chez nous, est devenu purement et simplement une maison de spéculation faisant au commerce du Pays une concurrence déloyale, donnant au Gouvernement le moyen de disposer des fonds publics dans le plus grand secret, et recevant sans compter les intérêts et autres bénéfices inconnus plus de deux cent mille gourdes par an, pour le service insignifiant de recevoir les valeurs qui appartiennent à l'Etat et de les remettre aux payeurs.

A l'aide de ce système, les finances de la République sont conduites avec une légèreté qui n'a d'égal que l'esprit de prévarication qui domine dans l'administration du général Salomon.

On a vu dans le seul exercice 1835-1886 des dépenses injustifiées s'élevant à plus de sept cent mille gourdes. Il est déjà notoire que pour l'exercice 1886-1887 les dépenses injusfiées montent à cinq cent mille gourdes. Des discussions qui eurent lieu dernièrement à la Chambre des Députés, il ressort que plus de sept cent mille gourdes ont été tirées de la caisse publique, sans que le gouvernement ait pu donner des explications sur la sortie de ces fortes valeurs.

Qu'on le dise, concitoyens ! A quelle époque avons-nous jamais vu un gaspillage aussi scandaleux de l'argent du peuple.

Se trouvant à l'étroit avec la circulation de la monnaie

métallique qu'on ne forge pas à volonté, le général Salomon qui avait déclaré en 1882 que le papier monnaie est une plaie, n'a pas reculé devant une émission de papier monnaie, en 1884, sans qu'aucune raison sérieuse ait justifié une mesure aussi funeste sur la marche économique du Pays :

Concitoyens,

Pendant que le général Salomon dilapide ainsi les deniers de l'Etat traîtreusement engloutis dans les coffres de la Banque, tous les grands services publics restent en souffrance.

Durant plus de quatre ans les employés du gouvernement n'ont pu toucher leurs appointements que sur un escompte ruineux, oscillant entre 45 et 60 0/0.

Les routes publiques dont l'entretien est d'une importance capitale pour le développement de la fortune nationale sont complètement abandonnées. Nous n'avons pas d'édifice public, nos villes ne sont ni nettoyées, ni éclairées, et c'est grâce à une nature clémente que nous devons de ne point être empoisonnés par les miasmes méphitiques.

Pour sentir toute la noirceur d'une telle incurie, il faut savoir que le gouvernement du général Salomon, en augmentant sans cesse les impôts de douane, est arrivé à disposer de plus de six millions de recette, tandis qu'avant lui le Pays ne payait que quatre millions environ.

A voir toutes ces déprédations, on dirait qu'Haïti est un de ces pays sauvages où le chef de l'Etat est maître des choses et des personnes, ou bien une monarchie absolue où le monarque est tout et le peuple rien.

En effet, nous avons une Chambre de Députés et un Sénat, mais ce n'est qu'une parodie du système parlementaire. Jamais le Corps Législatif n'a repoussé une loi ou une proposition du gouvernement quelque inconstitutionnelle ou quelque funeste qu'elle puisse être.

Un peuple qui, réduit à un état de choses aussi misérable, ne ferait rien pour en sortir, serait considéré comme indigne de former une nation libre.

Concitoyens,

Au nom de la Liberté, nous faisons un appel solennel à tous nos compatriotes d'un bout à l'autre de la République.

Après avoir longtemps souffert sous un joug despotique et humiliant nous touchons enfin au jour de la délivrance. C'est en nous réunissant sans rancune, sans esprit de parti, n'ayant pour tout lien que l'amour de la Patrie, que nous parviendrons non seulement à renverser le tyran, mais encore à relever notre pays de l'état d'abaissement moral et d'appauvrissement matériel où l'a jeté l'homme funeste du 23 octobre.

Souvenons-nous, que l'année prochaine, en 1889, le noble pays de France va célébrer avec un éclat sans précédent le grand centenaire de la Liberté.

Alors les principes immortels de la Révolutiom française dont l'écho a jadis traversé l'océan pour transformer nos chaînes en armes vengeresses, seront applaudis, acclamés par cent millions de voix partout où vit un peuple digne et libre. Quelle honte pour nous, si la présence d'un vieillard cynique et menteur suffisait pour courber tous les fronts dans la honte et l'humiliation, en nous empêchant de proclamer tout haut ces principes générateurs qui sont le phare de la civilisation. Quelle condamnation irrémissible de la race noire.

Debout donc concitoyens.

Dilatons nos cœurs et nos poitrines trop longtemps comprimés sous le poids du despotisme et crions :

A bas Salomon !

Vive la Révolution !

Vive les Libertés publiques !

Vive l'Ordre !

Vive l'Union !

Vivent le Progrès et la Civilisation !

Donné à l'Hôtel du Comité du Cap-Haïtien, ce 7 août 1888,

MAGNY, Nord ALEXIS, MONPOINT jeune, Nemours PIERRE-LOUIS jeune, Alfred BOX, J. B. N, DESROCHES, Romain Gabriel AUGUSTIN, Anténor FIRMIN, Démosthène GENTIL, J. C. DANIEL, St-Martin DUPUY, St-Amand BLOT, Cincinnatus LECONTE, Fuscien DENIS, Augustin GUILLAUME.

LIBERTÉ   ÉGALITÉ   FRATERNITÉ

RÉPUBLIQUE D'HAITI

S. TÉLÉMAQUE

Général en chef de l'armée de la Révolution

ORDRE DU JOUR

Haitiens !

Encore de nouveaux progrès ! — Le Général Saint-Fleur Paul, Commandant de l'Arrondissement de la Marmelade, vient de faire son adhésion à la Révolution.

Comme je vous l'ai déjà dit, nous marchons de triomphe en triomphe sans tirer un coup de fusil.

A mon appel patriotique tout le Nord a répondu avec empressement, parce que tout le monde est fatigué du despotisme du Général Salomon.

HAITIENS !

Dieu est avec nous !

Sous peu, nous serons aux portes de la Capitale.

Donné au Quartier-Général du Limbé, le 8 août 1888, an 85ᵉ de l'Indépendance.

S. THÉLÉMAQUE.

LIBERTÉ   ÉGALITÉ   FRATERNITÉ

RÉPUBLIQUE D'HAITI

ORDRE DU JOUR

HAITIENS !

La cause sainte de la Révolution du 5 août marche de succès en succès, sans qu'il y ait de sang versé.

Le général Polynice St-Pierre, commandant de l'arrondissement du Borgne vient de donner son adhésion à la Révolution, et l'a proclamée, ce matin, dans toute l'étendue de son arrondissement.

Convaincus que sont tous les Haïtiens de la mauvaise administration et du despotisme du général Salomon, dans quelques jours, nous serons à la capitale.

Donné au Quartier-Général de Limbé, le 9 août 1888, an 85ᵉ de l'Indépendance.

S. THÉLÉMAQUE.

LIBERTÉ   ÉGALITÉ   FRATERNITÉ

RÉPUBLIQUE D'HAITI

Cap-Haïtien, le 10 août 1888, an 85° de l'Indépendance

ORDRE DU JOUR

LE COMITÉ RÉVOLUTIONNAIRE DÉPARTEMENTAL DU NORD

Concitoyens,

La Révolution a mis le pied dans l'Artibonite !

Par une lettre du général en chef de la Révolution que nous avons reçue ce soir, il nous apprend que la Commune d'Ennery a fait sa soumission à la Révolution.

L'adhésion des Gonaïves ne se fera pas longtemps attendre, en frappant au cœur le Gouvernement néfaste du général Salomon.

Vive la Révolution !
Vive la Liberté !
Vive l'Ordre !

HIPPOLYTE, A. MENARD, A. FIRMIN, R. G. AUGUSTIN, MAGNY, BELIARD, D. GENTIL, Jh. Augustin GUILLAUME, Ed. Jn. FRANÇOIS, R. DEETJEN, J. St. Amand BLOT, Ctus. LECONTE, A. BOX, MOMPOINT jeune.

| LIBERTÉ | ÉGALITÉ | FRATERNITÉ |

RÉPUBLIQUE D'HAITI

ARRÊTÉ

LE COMITÉ RÉVOLUTIONNAIRE DÉPARTEMENTAL DU NORD, AUX POPULATIONS DE CE DÉPARTEMENT

Concitoyens,

Dans tous les pays civilisés, la garde nationale, sauvegarde et gardien de la nation, est le représentant légal de l'ordre, de la liberté.

Vu les circonstances extraordinaires que traverse le pays ;

Vu la nécessité de réorganiser ce corps, indispensable à plus d'un titre, en temps de trouble,

A arrêté et arrête ce qui suit :

Art. 1er. Les gardes nationales du Département du Nord sont mobilisées.

Art. 2. Tous les Citoyens de l'âge de 18 à 50 ans sont invités, une heure après la publication du présent Arrêté, à se réunir au Bureau de la Place respective de leur Commune, en armes, pour occuper les différents postes ;

Faute par eux de s'y conformer, il sera pris contre eux les mesures les plus rigoureuses.

Donné en l'Hôtel du Comité Révolutionnaire Départemental du Nord, le 11 août 1888, an 85e de l'Indépendance.

HIPPOLYTE, A. MENARD, A. FIRMIN, R. G. AUGUSTIN, MAGNY, BELIARD, D. GENTIL, Jh. Augustin GUIL-

LAUME, Ed. Jn. FRANÇOIS, R. DEETJEN, J. St-Amand BLOT, Cius, LECONTE, A. BOX, MOMPOINT jeune.

LIBERTÉ ÉGALITÉ FRATERNITÉ
RÉPUBLIQUE D'HAITI

ORDRE DU JOUR[1]

AU PEUPLE ET A L'ARMÉE

Concitoyens,

Il y a sept jours depuis que j'ai tiré mon épée pour la défense de vos droits méconnus par un Gouvernement despotique.

Déjà, tout le Nord a répondu à mon appel patriotique ; Saint-Louis-du-Nord, l'une des principales communes du Département du Nord-Ouest, y a adhéré. — Avant longtemps, nous apprendrons aussi l'adhésion du chef-lieu de ce Département ; car les démarches pacifiques qui sont mises en œuvres pour y arriver, ne peuvent qu'aboutir à un heureux résultat.

Les généraux Saint-Fleur, Paul et Bottex, commandants des arrondissements de la Marmelade et de la Grande-Rivière-du-Nord sont partis pour le Département de l'Artibonite, à la tête de leurs divisions, afin de contribuer au

---

1. Le 10 août, la population de Port-au-Prince, enhardie par le mouvement du Nord, se souleva à son tour, sous l'impulsion du général Boisrond Canal qui avait, quelques jours auparavant, promis son concours au général Séide Thélémaque. M. Salomon s'embarqua, à 4 heures de l'après midi, couvert des drapeaux étrangers, et poursuivi par les huées et les menaces du peuple.

triomphe de la Révolution qui serait déjà aux Gonaïves, sans une faute de l'un de nos chefs de colonnes devant cette ville.

Des progrès aussi éclatants, obtenus en si peu de temps, disent assez combien tous les Haïtiens veulent se débarrasser du joug despotique qui l'étreint.

Concitoyens,

Unissons-nous donc tous dans le même but ; travaillons tous dans une pensée commune : Renverser le despotisme.

Après le triomphe définitif, celui qui doit être appelé à remplacer le général Salomon au pouvoir le sera légalement et constitutionnellement d'après la volonté du Peuple librement exprimée.

En attendant, qu'aucune ambition personnelle n'entrave la marche glorieuse de la Révolution, en se manifestant trop prématurément.

Concitoyens,

Je vous l'ai déjà dit dans ma déclaration : « En proclamant la Révolution, je ne suis guidé par aucun sentiment personnel. J'ai fourni plus de quarante ans de service actif au bénéfice de mon Pays ; depuis plus de vingt ans, j'ai été chargé de postes importants, soit sous le général Salnave, soit sous le général Domingue, soit sous le général Boisrond Canal, ou sous le général Salomon même. Nul n'a donc plus de droit que moi de prétendre à la première Magistrature de l'Etat.

« Cependant j'aime trop ma Patrie pour me placer sur un terrain égoïste. »

Au nom de cette Patrie si souvent déchirée par ces ambitions personnelles, formons un seul faisceau pour la dégager, et, après le triomphe, les aspirants feront valoir leurs droits.

Donné au Quartier-Général de Châtard, le 12 Août 1888, an 85e de l'Indépendance [1].

S. Thélémaque

---

[1]. Le général Séïde Thélémaque entra au Port-au-Prince le 23 août, avec toute son armée, malgré les démarches faites auprès de lui à St-Marc, par M. de Sesmaisons, ministre de France, pour le porter à ne se faire accompagner que de son Etat-Major. Nous publions le compte rendu suivant que nous extrayons du « *Trait d'union* » (voir *Une année de journalisme*, page 18).

COMPTE RENDU DE LA MARCHE DE LA RÉVOLUTION.

La révolution proclamée le 5 août dans l'immortelle ville du Cap, est comme l'un de ces météores brillants dont le rapide épanouissement illumine joyeusement le ciel et la terre. Telle la foudre, telle elle a été. Elle frappa d'un coup irrésistible, pétrifia au fond de son palais l'ogre terrible qui prétendait tenir éternellement la patrie en ses griffes. Elle a eu l'éclat dont l'aurore s'embellit en un jour de fête. C'est la veille du relèvement des institutions, du progrès, de la gloire nationale.

Le 7 Août, l'armée part avec enthousiasme de ce point noir qui troublait sans relâche l'âme du sinistre Vieillard.

Quel spectacle ! le clairon sonnait : les soldats, transportés d'ardeur, jetaient des cris de joie qui s'entre-mêlaient aux roulements des tambours ; les rues du Cap, inondées de citoyens, de femmes, d'enfants, bruissaient comme la mer : marchons ! à la Capitale ! criait-on de toutes parts. L'élan n'avait pas de borne. La joie régnait sur tous les visages. L'on avait confiance dans le Chef, dans son nom déjà célèbre, dans la grande confiance morale qu'il inspire à ses concitoyens. Aussi, malgré les difficultés qu'on disait dressées devant nos troupes, malgré la terreur que le

LIBERTÉ   ÉGALITÉ   FRATERNITÉ

RÉPUBLIQUE D'HAITI

Cap-Haïtien, le 13 août 1888, an 85ᵉ de l'Indépendance

PROCLAMATION

LE COMITÉ RÉVOLUTIONNAIRE CENTRAL. AU PEUPLE ET A L'ARMÉE

HAITIENS !

La Révolution a triomphé.

Le général Salomon, dont le despotisme a pesé sur le Pays depuis neuf années, s'est embarqué en nous laissant maîtres de notre destinée.

gouvernement du général Salomon avait toujours inspirée à la nation, l'armée du Cap se savait invincible.

Le quartier-général était déjà à Châtard, lorsque la nouvelle arriva que le Tyran d'Haïti avait quitté le pouvoir aussi bien contraint par l'insurrection de la Capitale, éclatée sous les ordres des vaillants Canal, que terrifié par notre marche rapide.

En cinq jours, la révolution avait triomphé. Elle ne s'était ralentie qu'un instant à la Coupe-à-Pintade où un malentendu avait amené un choc entre le général Jean-Jumeau et l'avant-garde : c'est là que tomba le brave Prévilon Morin.

Le 17, à la tête de la vaillante, de l'immortelle armée du Nord, le général Séïde Thélémaque faisait son entrée dans la ville des Gonaïves. Une foule nombreuse, des femmes, des citoyens, des étrangers étaient accourus sur son passage. La joie de tous était frénétique. Des fleurs et des vivats étaient répandus sur les pas rapides des troupes dans toutes les rues. On passa sous des arcs de triomphe, et du haut des maisons étrangères, une multitude de drapeaux, déployant au vent leurs couleurs variées, saluaient le pavillon bicolore dont nous venions de relever les pans de la fange où les avait plongés le général Salomon. Enfin on arriva sur l'autel de la Patrie où le général Séïde, avec cette grandiose attitude qui le caractérise, proclama — je dirai presque, en face de Jean-Jacques

En proclamant la Révolution au Cap, nous n'avions en vue que la restauration des libertés publiques et de l'ordre

Dessalines, de Pétion, de Geffrard, le but sacré de la révolution. — Il finit en disant : « Je ne l'ai faite pour aucun homme ; je l'ai faite pour le peuple. » A ces mots, un élan d'admiration éclata ; de toutes les poitrines ces mots s'échappèrent : Vive le Général en chef ! Un héraut se présenta alors. Debout sur les estrades, il lut aux Gonaïviens assemblés la déclaration du 5 août qui fut accueillie par des vivats prolongés et ardents.

A St-Marc, la réception fut aussi vive, aussi belle. Certes, cette marche du général Thélémaque a été comme un splendide rayonnement sur tout le parcours, depuis la Barrière-de-Bouteilles jusqu'au Portail St-Joseph où cette fusée éclata de tous ses feux.

Le 23, l'armée révolutionnaire entrait dans la Capitale. Depuis la veille, à l'Arcahaie, à Drouillard, au Pont-Rouge, le général Thélémaque recevait des visites des notabilités de la ville. Au lever des étoiles, l'armée et son illustre chef étant déjà réunis dans ce dernier endroit, on y avait la magnificence d'une des plus belles fêtes nationales. Des fanaux brillant des couleurs variées mêlaient leur clarté à celles des astres ; les hourras des promeneurs retentissaient avec le parler bruyant des soldats. Le camp tout entier était livré aux épanchements, à la gaîté, aux toasts, aux embrassements, et le son des musiques couvrait au loin dans la plaine toute cette rumeur.

La Garde Nationale du Port-au-Prince commandée par le colonel Justin Carrié était placée à la rue du Portail pour recevoir ses frères du Nord. Au point du jour, le général Rosa ébranla l'avant-garde ; l'au-champ vibrait ; les clairons emplissaient les airs ; les cavaliers passent, soulevant sous leurs pas une nuée de poussière. Une allégresse communicative circulait dans toutes les rues de la Capitale ; les maisons étaient pavoisées ; des bouquets de fleurs volaient à la face de nos soldats. Un long cri de vivat retentissait dans l'espace. Le général Thélémaque, son état-major, l'armée prirent position près du Gouvernement.

Toutes les autorités, tant civiles que militaires, s'étaient réunies au Conseil Communal où bientôt aboutirent les chefs de l'armée. Là, Nelson Desroches, notre concitoyen, par un discours admi-

administratif, avec toutes les garanties de progrès et de civilisation dont un peuple a besoin pour son développement.

Après avoir vaincu la tyrannie, il nous faut nous entendre, nous unir, pour retirer le Pays de l'état désastreux où l'a jeté un gouvernement oppressif et dilapidateur.

Unissons-nous donc pour travailler maintenant au relèvement de la Patrie, par une pratique sincère de toutes les libertés nécessaires, par un régime parlementaire rétablissant l'ordre et la régularité dans nos finances.

Le Comité Révolutionnaire Central va partir pour la Capitale afin de jeter les premières bases de notre reconstitution nationale. Dépositaire de l'autorité révolutionnaire, il remplira jusqu'au bout son mandat, en coopérant à la réalisation du programme patriotique qui a servi de bannière à la Révolution.

Vive la Révolution !

Vivent les Libertés publiques !

Vive l'Ordre !

Vive l'Union !

Vivent le Progrès et la Civilisation !

A bas le despotisme !

HIPPOLYTE, A. MENARD, A. FIRMIN, R. G. AUGUSTIN, MAGNY, BELIARD, D. GENTIL, Jh. Augustin GUILLAUME, Ed. Jn. FRANÇOIS, R. DEETJEN, J. St.-Amand BLOT, Ctus. LECONTE, A. BOX, MOMPOINT jeune.

rable, entraine tous les cœurs. L'Union de l'Ouest et du Nord était faite. Puisse cet ardent baiser qu'ils se sont donné à cette heure, vibrer éternellement dans toutes les âmes !

Un Capois

ACTES DE LA 2ᵉ RÉVOLUTION

La mort du général Séïde Thélémaque et les détails de cet assassinat inoui, commis dans la nuit du 28 septembre 1888, arrivèrent promptement dans toutes les villes du nord.

Le 2 octobre, les notabilités du Cap, d'accord avec l'indignation populaire, publiaient l'acte suivant qui parvint deux jours après à la capitale [1].

PROCLAMATION [2]
AU PEUPLE ET A L'ARMÉE

HAITIENS !
Un fait inouï dans nos annales politiques vient de s'accomplir à Port-au-Prince.

---

1. Lire à l'annexe le récit de cette nuit du 28 septembre (B).
2. Pour expliquer la conduite nordiste que tint Jacmel, durant la Révolution, nous publions l'acte suivant :

MÉRISIER JEANNIS

Général de Division des armées de la République, Commandant de la Place et de la Commune de Jacmel, commandant provisoire de l'Arrondissement

AU PEUPLE ET A L'ARMÉE,

Concitoyens,
Depuis la chute du tyran SALOMON, mon cœur de patriote était navré de douleurs de ce que le Commandant de cet Arrondissement, le Général PROPHÈTE, n'a pas cru nécessaire de proclamer

Depuis l'arrivée du valeureux général Séïde Thélémaque à la Capitale, on y proférait, dans tous les recoins, des menaces incendiaires contre ce brave soldat et contre l'armée du Nord qui l'a accompagné, se dévouant à lui comme au représentant le plus autorisé des idées révolutionnaires dont l'explosion, au 5 août, a marqué la chute de la tyrannie de Salomon.

Les ennemis déloyaux du général en chef de la Révolution, exécutant leurs noirs desseins, l'ont indignement assassiné, en couvrant cet acte horrible sous le voile d'une prétendue échauffourée entre sa garde et la garde nationale du Port-au-Prince.

HAITIENS !!..

Le Nord, le Sud, l'Artibonite et le Nord-Ouest, où il existe des cœurs patriotes et magnanimes, doivent également s'indigner d'un tel forfait.

en cette ville la glorieuse révolution qui éclata dans le NORD.

Aujourd'hui que je prends les rênes de l'Arrondissement, je m'estime heureux de venir, en patriote dévoué au Général Séide THÉLÉMAQUE, vous déclarer que j'adhère à cette glorieuse révolution inaugurée sous les auspices de ce valeureux Général, pour reconquérir nos libertés foulées au pied.

En conséquence, dès la publication du présent ordre du jour, tous les citoyens indistinctement sont appelés à se ranger sous le Drapeau de l'ordre et de la liberté, pour m'aider à maintenir la sécurité des familles, et calmer l'agitation que les fauteurs de troubles ont jetée dans le sein de la population.

Je me mets franchement et loyalement à la tête de cette valeureuse population, afin de seconder les efforts vainqueurs de l'illustre Champion des libertés publiques.

Donné à l'Hôtel de l'Arrondissement de Jacmel, le 24 août 1888, an 85me de l'Indépendance.

M. JEANNIS.

A tort ou à raison, c'est au nom du général Légitime que toutes ces machinations ont eu lieu ; c'est en son nom ou à son intention que l'acte criminel s'est accompli.

LE NORD RESTERA DONC EN ARMES, en jurant de disparaître, plutôt que de laisser couronner l'attentat au bénéfice de ceux qui l'ont machiné ou exécuté. Il espère que les Départements du Nord-Ouest, de l'Artibonite, du Sud et même la partie saine de l'Ouest, se réuniront à lui pour sauver l'honneur de la Patrie.

Vive la Révolution !

Vive la Liberté !

Vivent les Institutions !

Vive l'Ordre !

Cap-Haïtien, le 2 octobre 1888, an 85ᵉ de l'Indépendance.

Mompoint jeune, V. Hilaire, A. Firmin, 1ᵉʳ *constituant du Cap-Haïtien*, Nelson Tassy, 2ᵉ *constituant du Cap-Haïtien*, A. Durosier, *const. des Perches*, Louis André fils, *const. du Fort-Liberté*. J. F. Pierre Louis, *const. de Ste-Suzanne*, M. S. Noël, *const. de Ouanaminthe*, Stewart, *const. de St-Louis du Nord*, M. Jn. François, *const. du Dondon*, D. S. Thimothé, *const. du Trou*, S. F. Salvant, *const. de Vallière*, Chéry. Hyppolite, *const. de la Plaine-du-Nord*, J. St.-Armand Blot, Anderson Duvivier, J. C. Daniel, Albaret Laroche, J. F. T. Manigat, B. Daguindeau, H. Etienne. W. Woolley, Béris Léveillé, T. Stewart, J. Lecorps fils, M. Férère, M. Vincent fils, Dsais, Jh. Vincent, J. Adhémar Auguste, B. Jn. Pierre, B, Riché, J. Parisien, (Suivent d'autres signatures.) Vu : *Le chargé de l'arrondissement*, E. L. Emmanuel.

LIBERTÉ	ÉGALITÉ	FRATERNITÉ

RÉPUBLIQUE D'HAITI

Aujourd'hui, mardi, le deuxième jour du mois d'octobre mil huit cent quatre-vingt-huit, an quatre-vingt-cinquième de l'Indépendance, quatre heures de l'après-midi.

Nous, autorités locales et citoyens de la ville de la Grande-Rivière-du-Nord, sommes, sur la convocation du général D. Philippe, commandant provisoire la place et la commune, réunis dans son bureau pour prendre connaissance des actes politiques qu'il a reçus.

A notre arrivée, ledit général nous a communiqué deux dépêches, l'une du commandant provisoire de l'arrondissement du Cap-Haïtien, l'autre de celui des Gonaïves, par lesquelles ces fonctionnaires portent à notre connaissance l'assassinat et la mort du général Séïde Thélémaque, qui a eu lieu au Port-au-Prince.

Considérant que cet acte de barbarie est une honte qui couvre le pays entier, en ce que, revendiquant ses droits et sur le point de régler toutes les hautes questions politiques, il ne pouvait être question d'un crime si noir qui fait son déshonneur politique.

Considérant que la conduite des assassins du Port-au-Prince contre la personne de feu le général Séïde qui vient de délivrer le pays de la tyrannie la plus odieuse, est un acte sans précédent dans nos annales politiques, qu'il est de nature à faire naître des faits graves contraires aux intérêts du pays, par conséquent, l'entraîner dans le désordre et l'anarchie noire, jusqu'à compromettre son autonomie nationale.

Nous, autorités locales et citoyens ci-dessus, déclarons protester contre l'acte inqualifiable et le repoussons avec indignation de toute la force de nos armes.

En conséquence de ce, nous prenons nos dispositions pour revendiquer nos droits.

Fait à la Grande-Rivière-du-Nord, les jour, heures, mois et an que dessus et avons signé.

Suivent les signatures.

Pour copie conforme :
Le Commandant de cette commune,
D. PHILIPPE.

LIBERTÉ   ÉGALITÉ   FRATERNITÉ
RÉPUBLIQUE D'HAITI

Gonaïves, le 3 octobre 1888

ACTE DE DÉCLARATION

Les Citoyens de la ville des Gonaïves, d'accord avec les sentiments de leurs compatriotes du Nord, du Nord-Ouest et de l'Artibonite, protestent contre l'infâme trahison accomplie sur la personne du général SÉIDE THÉLÉMAQUE, par suite de laquelle il a été traitreusement assassiné à la Capitale.

L'indignation légitimement patriotique qui déborde de leur cœur réclame le concours de tous les enfants de la patrie qui avaient compris le but régénérateur de la Révolution inaugurée dans le Nord. C'est l'heure de mettre en exécution le programme de fusion déclaré dans le Manifeste du 5 Août. Que donc l'union des enfants de la République, dont l'accolade fraternelle a fait la force de la Révolution, soit renouvelée aujourd'hui entre nous.

C'est d'une aveugle confiance dans les hommes qui ont naguère trahi la Patrie que nous sont venus ce dénouement fatal de notre présent état et ce passé malheureux que nous croyions réparer avec le secours du général SÉIDE THÉLÉMAQUE.

Le général Séide Thélémaque est assassiné, victime de sa candeur politique, de sa confiance dans les hommes qu'il croyait aussi honnêtes que lui. Leur guet-apens combiné avec une préméditation inouïe a pleinement réussi dans l'accomplissement de leur infernal projet. Mais ils se sont trompés! La Révolution n'est pas vaincue. Elle reprend aujourd'hui force et vigueur contre l'inique attentat de la ville de Port-au-Prince.

Nous nous levons avec les deux plis du drapeau national sur nos têtes, pour flétrir les meurtriers et réclamer l'expiation de leur crime. Nous protestons formellement contre l'acte de clémence[1] offert par le Gouvernement Provisoire aux assassins du Général en chef de la Révolution du 5 Août et nous demandons qu'ils soient mis en état et sous la main mise de la Justice.

Nous faisons appel au patriotisme de nos concitoyens de l'Ouest et du Sud qui, comme nous, ont senti le coup fatal porté au principe par la mort de notre Général en Chef, et leur demandons de s'unir tous avec nous, au nom de notre honneur national, pour établir l'ordre que la brutalité a cru pouvoir détruire.

1. Le lendemain du 28 septembre, les membres du Gouvernement provisoire s'étaient empressés de rendre un décret d'amnistie en faveur de ceux-là qui avaient pris part aux désordres de la nuit. Le général Hippolyte seul refusa de signer cet acte.

A bas le Gouvernement Provisoire !
Vive la République !
Vive l'Union !
Suivent les Signatures.
Approuvé :
Le Commandant de l'Arrondissement,
D. GARÇON [1].

LIBERTÉ   ÉGALITÉ   FRATERNITÉ
RÉPUBLIQUE D'HAÏTI

DÉCLARATION

DES HABITANTS DE LA COMMUNE DE JEAN-RABEL

Courbé durant neuf années sous le joug humiliant de M. Salomon, l'homme au cœur de fer, le peuple haïtien n'avait les yeux tournés que sur un seul point, le Nord, que sur une seule épée, celle de l'intrépide et honnête Séïde Thélémaque.

Ce grand patriote, qui a donné les preuves de son honnêteté, de son courage et de son désintéressement dans les circonstances les plus graves, comprit qu'il avait un devoir à remplir, qu'il avait la mission sacrée de délivrer ses frères de l'état d'abaissement et d'humiliation dans lequel l'homme funeste les avait plongés.

Le 5 août, il prit les armes au Cap-Haïtien, et tous les

---

[1]. Dans le supplément de « *La Patrie* » du 2 octobre, nous lisons:
« Si la Révolution est contrariée de la mort de celui qu'il avait posé comme candidat à la première magistrature de l'Etat, elle n'est que surprise, elle n'est pas battue, et prochainement elle désignera au pays celui qui doit avoir sa confiance. »

arrondissements du Nord, du Nord-Ouest et de l'Artibonite viennent spontanément se ranger sous les bannières de la Révolution.

L'épée que le brave Seïde Thélémaque a dégaînée au Cap ne s'est rengaînée qu'à Port-au-Prince.

Libérateur du peuple haïtien, le général Séide Thélémaque devait avoir droit à notre estime, à notre admiration, à notre vénération et à notre reconnaissance.

Qui peut dire que le général Salomon ne serait pas encore au pouvoir si le valeureux Seïde Thélémaque n'avait pris les armes? Qui aurait osé réclamer nos droits méconnus et foulés aux pieds par le despote ? Qui aurait osé attaquer le tigre dans son antre ?

Eh bien ! en récompense de cet acte qui rend à chacun ses droits, ses libertés, on a eu la lâcheté, l'infamie d'assassiner à Port-au-Prince le héros du Nord.

Et, chose difficile à concevoir, le Gouvernement provisoire absout, dit-on les assassins, en leur accordant grâce pleine et entière.

Nous déclarons protester de toute la force de notre âme contre cet acte de sauvagerie consommé par des mains inconscientes, mais dirigé par des ambitieux qui pensent que la République d'Haïti est à eux seuls. — Nous nous associons à nos frères du Nord, du Nord-Ouest, et de l'Artibonite et du Sud pour verger le sang de l'homme juste et désintéressé, et nous ne déposerons les armes qu'après qu'un juste châtiment aura été infligé aux lâches assassins du Général Séide Thélémaque.

Vive l'Union !
Vive la paix !

A bas le Gouvernement provisoire !
Suivent les signatures.

Approuvé.

Le Commandant provisoire de l'Arrondissement,

M. GUILLET.

LIBERTÉ ÉGALITÉ FRATERNITÉ

RÉPUBLIQUE D'HAITI

Aujourd'hui, le cinquième jour du mois d'octobre, mil huit cent quatre-vingt huit, an 85° de l'Indépendance.

Nous, Mathieu Guillet, général de division, commandant provisoire de l'arrondissement du Môle Saint-Nicolas, avons, conformément à la lettre du Commandant provisoire de l'Arrondissement des Gonaïves, datée du 1er de ce mois, n° 288, nous annonçant la mort du général Séïde Thélémaque ;

Vu aussi l'acte de déclaration des citoyens des Gonaïves du 3 dudit mois, la proclamation du général Esmangart-Léonard-Emmanuel, commandant la place et la commune du Cap-Haïtien, chargé de l'arrondissement, en date du 2 octobre, et l'appel fait aux habitants de Port-au-Prince de se raillier à leurs frères du Nord, réuni ce jour en notre hôtel les autorités civiles et militaires, les fonctionnaires, les citoyens notables, les officiers de tous grades et en non-activité de service de cette ville, les corps composant la garnison de cette commune et les gardes nationaux, et leur avons donné communication de toutes les pièces relatives à la manifestation des populations du Nord, de l'Artibonite et du Nord-Ouest, au sujet de la mort prématurée et inouïe du grand patriote, le général Séïde Thélémaque, assassiné au Port-au-Prince ; ils ont tous juré de venger le héros, chef de la révolution du 5 août dernier, et se tiennent à notre appel pour coopérer avec les autres départements susdits, dans toutes les mesures énergiques réclamées par la situation actuelle dans laquelle se trouve le pays dont l'autonomie est si précieuse, et dont ils seront les gardiens jusqu'au dernier soupir de leur vie. Conséquemment la Révolution du 5 août reprend force et vigueur. Puis ils ont crié d'une voix unanime :

Vive la liberté !

Vive l'Union de la famille haïtienne ! !

A bas le Gouvernement provisoire ! ! !

Fait et rédigé le présent procès-verbal les jour, mois et an que dessus.

(Suivent les signatures.)

Approuvé conforme à l'original.

Le Commandant provisoire de l'arrondissement,

M. GUILLET.

LIBERTÉ   ÉGALITÉ   FRATERNITÉ

RÉPUBLIQUE D'HAITI

AUX HABITANTS

DE L'ARRONDISSEMENT DU PORT-DE-PAIX

CONCITOYENS,

Un cri lugubre sillonnait l'air, depuis deux jours, quand la voix autorisée du Nord est venue nous dire que l'infamie la plus noire, l'ingratitude la plus révoltante s'étaient accomplies à Port-au-Prince, par le plus lâche attentat, le plus vil assassinat exercé sur la personne de l'honorable Général SDIDE THÉLÉMAQUE, le héros de la Révolution du 5 août.

A cette horrible nouvelle, le Nord, ce foyer de la liberté et de l'héroïsme, comme un seul homme, s'est redressé, en reprenant les armes, pour venger le sang innocent de cette célèbre victime : tous ils ont juré « de disparaître plutôt que de laisser couronner l'attentat aux bénéfices de ceux qui l'ont machiné ou exercé ».

Rallions-nous donc à nos frères du Nord, reprenons nos armes ; et formant un seul corps, volons au secours de nos frères que dévore encore peut-être l'antagonisme, pour maintenir nos droits et faire triompher les principes immuables du grand mouvement qui a brisé toutes les tyrannies et fait tomber toutes les iniquités.

Vive la Liberté !
Vive L'Union !
Vive l'Ordre !
A bas le Gouvernement provisoire ! ! !

Fait à Port-de-Paix, ce jour, 4 octobre 1888, an 85° de l'Indépendance.

(Signé :) Ed. Desroches, F. Pascal Elie, P. A. Honoré, Alincar Jean-Pierre, C. Saint Aude, J. O. Ducheine, S. Lobeau, P. Jean Joseph, J. H. Thévenot, L. Bernadel, L. Bastien, V. Beauvoir, Thévenot, Lalanne fils, E. Stéphen, A. Henriquez, E. Marseille, J. L. Cassius, F. Capois Belton, G. Thévenot, F. A. Dagesseau, A. Tiphaine. O. Légendre, L. Tiphaine, L. Bénezette jeune, S. Amicy. L. Legros, Jean Jacques, L. Jean Jacques, A. L. Auguste, Louis Laforet, Saint-Cyr, Abin jeune, Jh. Lallemand, B.

Lallemand, D. Tanis, H. Bonheur, J. Lalanne, Capoix, St-Vil, L. Bien-aimé, Sd. Jh. Villard, Alcicar Jean-Pierre, Lebon, D. A. Bouzi, Williamme Cadet, M. Jh. Edmond, Desvallons jeune, Poitevien Joseph Brissette, Joseph Lallemand, Th. Poitevien, 2° *constituant*, J. R. Vassor, J. Zéphir, Delbeau père, L. E. Marseille, M. Dauphin, Chérant Imbert, M. Michel, M. Henriquez, M. Boucan, Augustice Tiphaine, M. G. Marseille, R. Marseille, B. Augustin, C. Bernard, Présendor Auguste, J. B. Théophile, François, M. Jean-Baptiste, B. Brissette, Bazile jeune, F. Féréol, J. V. Fouché, L. V. Bien-aimé, Pierre Toussaint, F. Saint-Charles, M. Thévenot, Jean-Baptiste Augustin, J. V. Thomas Florissant, F. Imbert, F. L. Philogène, M. Auguste G. Voyard. — Suivent les autres signatures, F. Noël. Commandant provisoire de la commune et M. Guilbaud, Commandant Provisoire de cet arrondissement.

Pour copie conforme à l'original,
Le commandant provisoire de cet arrondissement,

GUILBAUD.

LIBERTÉ   ÉGALITÉ   FRATERNITÉ

RÉPUBLIQUE D'HAITI

Fort-Liberté, le 3 octobre 1888, an 85° de l'Indépendance.

Nous soussignés, habitants de l'arrondissement du Fort-Liberté, déclarons adhérer à la protestation faite par la population du Cap-Haïtien, et des Gonaïves formulée dans la proclamation du 2 octobre.

Nous jurons de ne déposer les armes qu'après que justice sera faite de ou des assassins de notre Général en chef, Séïde Thélémaque.

Ls. Poux, E. Chavannes, Canrobert Gourgue, Alexis Phanord fils, Thélémaque Prophète, Farëus Jh. Etienne, Joseph H. Calixte, E. Duclos, H. Antoine, Develson Frangeul, C. Calixte, N. E. Tassy, Prévil Toussaint, R. Manigat, Th. Pierre Fils, F. C. Gérard fils, D. Manigat, St-Juste Charles Pierre, R. Roseni, Hyacinte Paul, L. Bhs. Pierre, E. Tassy, Ym. E. Chs. Pierre fils, G. Poux, G. Manigat, R. Calixte, Valcour Mondestin, D. T. Nicoleau, B. Marcellus, D. Hyppolite Duval, Léonidas Anatole, Larivière, G. Zamor, Jh. Nelson fils, D. Toussaint, Guillaume, M. Cadet, Ch. Gaspar, Jh. Lafosse, Remi Pierre St Jean, D. Pierre, Mathieu Victorin, J. Joachim, J. Ed. Etienne, *secrétaire de la place d'Ouanaminthe*, J. Antoine, St Juste Charles, D. E. Etienne, D. Durand, D. Dalembert, M. Téodore, A. D. Moïse, Félesmin Viard, Dagobert Patresse, A. N. Houanche, Ch. Bricourt, C. Porchereau, A. Frédérick, P. Jean, Cherfils Magny, U. Joachim, Ch. Jn. Baptiste, R. Boden, I. Poisson, D. Jh. Rivière. Chs. Noël, Prud'hommes, Silencieux Toussaint, Alexis Numa, Rozifor, Vilfor, St-George Bellotte, Jh. Noël, N. Chavannes, *adjoints à l'arrondissement*, Edouard Etienne, *commandant la place et la commune d'Ouanaminthe*, M. Filaimé, *membre de la commission locale des Perches*, Aly Jn. Philippe, *ex-magistrat communal*, Victor Joseph, Joseph Warry, E. M. J. Pierre, M. S. Ménard, Ph. Etienne, *officier d'Etat-civil des Perches*, Jn. Angenor, J. Valaire fils, Saintilmé, G. Flermon, Q. Toussaint, L. Filsaimé, T. Pierre Louis, C. Filsaimé

E. M. Blaise, *commandant la place des Perches*, St. Fleur Lucien, Vu : *Le commandant de cet arrondissement*, Ls. A. Duton Edouard.

LIBERTÉ   ÉGALITÉ   FRATERNITÉ

RÉPUBLIQUE D'HAITI

Trou, le 8 octobre 1890

PROTESTATION

DES CITOYENS DE L'ARRONDISSEMENT DU TROU
DÉPARTEMENT DU NORD

La population de cet arrondissement, vivement émue en apprenant l'assassinat de l'illustre héros de la Révolution du 5 août, s'empresse de s'adjoindre aux sentiments patriotiques des populations du Cap-Haïtien et des Gonaïves pour protester solennellement contre cet acte inouï accompli sur la personne de l'immortel Séïde THÉLÉMAQUE, au sein même de la Capitale de la République, le 28 septembre expiré.

Cet homme si rare, ce patriote dévoué, ce soldat intrépide n'avait fait que délivrer son pays de la tyrannie qui l'oppressait depuis neuf années. Il ne s'attendait pas à être si cruellement récompensé !

En face d'un crime à jamais néfaste, dans les annales de l'histoire, nous déclarons protester hautement et formellement contre la candidature du général Légitime ; attendu que c'est en son nom et au bénéfice de sa personne, de son parti, que l'acte criminel s'est perpétré, au Port-au-Prince.

Nous nous sentons le devoir de nous unir tous sous la même bannière, car l'honneur et la dignité de tous les cœurs sincères commandent de revendiquer nos droits méconnus : et nous entendons qu'un tout autre citoyen neutre du pays, soit du Nord, du Nord-Ouest, de l'Artibonite, du Sud ou même de l'Ouest, soit appelé à diriger les destinées du peuple haïtien, afin de dégager Haïti de toute entrave à sa marche progressive, d'autant que nos aïeux ont versé leur sang pour nous doter cette Patrie libre et indépendante.

    Vive la République !
    Vive l'Union !
    Vive la Liberté !

Edmond jeune, G. Edmond, S. Fr. Salvant, Lafosse jne, Juste P. Pierre, F. Jn. Baptiste, E. Louis, S. Jn. Bte. Toussaint, Sgm. Jacques, A. Louis, Alma Lambert. R. Edmond, Auguste Thimothé, J. F. Louis, D. Sévère, Etienne Pascal, A. Jn. Pierre, Licien Jn. Pierre, Aurélus Guerrier, T. Jiles Sévère, St. Vil, Pre. Adner, Ambroise Dessource, R. Daquin, St Hilaire Olivier, M. Mars, M. Zéphirin, G. Jtrs jeune, Lagredelle, Ambroise Bélizaire, Eugène Thimothé, Casséus Télié, Augustin Jn. Jacques, Lécifort Bien-aimé, M. Bonnaire, Alcius Pierre, L. Caliste, Daquin Dassas, Eugène Lagredelle, Isaac Sévère, Isma Germain, Jh. D. Sévère fils, S. Victor, T. Toussaint, Pr. le Commdt. de la comm. de Terrier-Rouge, d'ordre, le secrétaire, P. Adam fils, Pierre Rémy, A. Bruno, D. Jn. François, Louis Nord Lumenard, I. Pierre, V. Edouard, S. Bruno, P. Bruno, S. Baptiste, Filsaimé, A.

Pierre, R. Joseph, Etienne Mathurin, Richelus Joseph, M. Gabeau, A. Charles, Alcime Lep, Dolcé Luc, L. Ls. Raphaël, C. Vincent, André Luc, Felvéra Félicien, Toussaint Nœl, Nœl Toussaint, Eucher Robert, Eugène Robert, Par autorisation du gl. Prophète Vincent, P. Adam fils, Paulus H. Calixte, Alexandre Hyacinthe, Jn. Chs. fils, C. Joseph, Jn. Jn. Charles, Jn. de-Dieu Bernardin, Baptiste, Alcius Alcimé, Méus Alcimé, O. Etienne, Chéry Pierre, Etienne Silvin, Jn. Ch. Louis, D. A. Méhu, Louis Rafail, Blanc Louis, Rafail Louis, C. Etienne fils.

Vu et approuvé :
Le Commandant de l'arrondissement du Trou,

JH.-EDMOND.

LIBERTÉ   ÉGALITÉ   FRATERNITÉ
RÉPUBLIQUE D'HAITI

Les citoyens de la Commune de Hinche d'accord avec les sentiments tout patriotiques de leurs compatriotes du Nord, du Nord-Ouest, de l'Artibonite, déclarent se rallier à eux en protestant contre l'infâme trahison dont est victime le valeureux Général de Division Séïde Thélémaque et son armée, dans la ville du Port-au-Prince.

Hinche, ce 10 octobre 1888, an 85° de l'Indépendance.

Pacaud, Oné Lefort, L. Perralte, Charles Leny, Léonidas Pierre, Guerrier jeune, Ch. Bussy Zamor, Jh. Em. Seymour Jenty, A. Chauvet, Nicolas aîné, M. Péralte, Medéléka Boubert, M. Achille Innocent, Noël Moncy Malard, D. Almand, B. Dauphin, Eugène Gilbert, Noël Jn. Jac ques, Noël Vigné, Joseph Germain, Labbé Dubuison, Diverglas Sanche, C. Leny, Noël Joseph, Désaix Jn. Gille, Démosthène Petit Béry, W. Wooli, M. Jn. Baptiste, C. Leny, A. L. Guillaume, Sylveste François, Eugène Pascaud.

LIBERTÉ   ÉGALITÉ   FRATERNITÉ

RÉPUBLIQUE D'HAITI

RÉSOLUTION

La population de la Commune de la Petite-Rivière de l'Artibonite, arrondissement de Dessalines, les fonctionnaires civils et militaires, les généraux de l'armée et les officiers de tous grades, compétemment réunis dans le local du bureau de cet Arrondissement, à l'effet de prendre communication des actes publics dressés par les populations des départements du Nord, du Nord-ouest, de la ville des Gonaïves, chef lieu du Département de l'Artibonite, du Sud, d'une partie de l'Ouest, relativement à la mort mystérieuse de l'illustre Séïde Thélémaque, général en chef de l'armée de la glorieuse révolution éclatée en la ville du Cap-haïtien, le 5 du mois d'août dernier, et le sang duquel ayant traitreusement et ignominieusement été versé au sein de la Capitale, sans qu'aucune enquête sérieuse ait été provoquée, dans les formes légales, par qui de droit, pour parvenir à découvrir le ou les auteurs de cette criminelle action, le peuple indigné, ayant pris son attitude, afin de découvrir la vérité sur les circonstances que trop malheureuses ci-dessus, et complétement d'accord avec les citoyens des susdits départements :

Nous soussignés, déclarons solennellement et définitivement à la nation et au monde entier que nous soutenons et soutiendrons, au prix même de notre vie, notre sainte déclaration, que nous nous tenons constamment réunis autour de l'honorable général Succès Grand-Pierre, que nous avons choisi à notre tête, au titre de Commandant provisoire d'Arrondissement, pour poursuivre en commun, avec nous, l'œuvre patriotique qui nous réunit en ce moment.

Vive la Liberté !
Vive la Souveraineté du peuple !
Vive l'Union !
Vive notre décision !

Donné à la Petite-Rivière de l'Artibonite, le 7 octobre 1888, an 85° de l'Indépendance.

(Suivent les signatures.)

Le Commandant provisoire de l'Arrondissement de Dessalines,

GRAND-PIERRE [1].

Prévenu du mouvement du Cap-Haïtien, et averti qu'il avait été acclamé par la population de cette ville, le géné-

---

[1]. Toutes les autres localités des trois départements furent unanimes à protester contre l'acte du 28 septembre. Nous pensons inutile d'inscrire ici ces nombreuses protestations rédigées toutes dans le même esprit.

ral Hyppolite, malade, alité, crut prudent d'abandonner le Port-au-Prince. Il s'embarqua[1] sur un steamer anglais, pour St-Thomas. Mais son état de santé et les exigences du capitaine qui avait à faire toute la côte Sud de l'Ile, avant de se rendre à l'étranger, l'obligèrent à transborder sur le steamer allemand le *Thuringia* où il trouva alors

---

1. Quelques jours avant son départ, le général Hyppolite avait échangé avec le Gouvernement provisoire la correspondance suivante :

Port-au-Prince, le 1er octobre 1888.

N° 75

Le Membre du Gouvernement provisoire, chargé du Département de l'Agriculture et de la Police Générale,

Au Gouvernement provisoire.

Mes chers collègues,

N'ayant pas signé l'acte d'amnistie publié sur le *Journal Officiel* de samedi dernier, 29 septembre écoulé, je viens par la présente, dont je réclame la publication, vous prier de bien vouloir me donner des renseignements à propos de ma signature qui se trouve portée au bas de cet acte.

J'ai l'honneur, mes chers Collègues, de vous saluer avec une haute considération.

(Signé) HYPPOLITE.

BOISROND CANAL,

Président du Gouvernement provisoire.

Au Général Hyppolite, membre du Gouvernement provisoire, chargé du Portefeuille de la Police Général.

Cher Collègue,

J'ai reçu votre lettre du 1er octobre courant, au N° 75, par laquelle vous priez le Gouvernement provisoire de vous donner des renseignements à propos de votre signature qui se trouve portée au bas de l'acte d'amnistie publié sur le *Journal Officiel* de samedi dernier, 29 septembre écoulé.

Le Gouvernement provisoire fait une adresse au Peuple et à l'armée et cette adresse ayant été signée par vous, il a cru que vous

tous les officiers du Nord qui se rendaient aux Gonaïves et au Cap-Haitien [1].

Il arriva au Cap-Haitien le 7 octobre [2]. La confiance s'établit parfaitement dès ce jour [3].

n'auriez pas d'objection à faire à un acte de pure humanité ; et, tandis qu'il envoyait l'original à votre signature, il a expédié une copie avec votre nom au *Moniteur Officiel*. Votre refus ne lui est parvenu qu'alors qu'il n'était plus temps pour rectifier l'erreur commise dans la meilleure intention du monde.

Je vous salue affectueusement.

(Signé) BOISROND CANAL.

1. En laissant le Port-au-Prince, le général Hyppolite adressa à ses collègues du gouvernement la lettre suivante.

Port-au-Prince, le 5 octobre 1888.

Le général Hyppolite, Membre du Gouvernement provisoire chargé des portefeuilles de l'Agriculture et de la Police Générale.

Au gouvernement provisoire.

Mes chers collègues,

L'état de ma santé s'aggravant de plus en plus, et ne pouvant prendre part, comme je voudrais, aux délibérations du Gouvernement provisoire, je vous prie d'accepter ma démission.

Je profite du départ de l'Allemand pour vous prier de m'accorder un permis, afin de me rendre au Cap, au sein de ma famille, où je pourrai trouver les soins que réclame ma santé !

Veuillez, mes chers Collègues, agréer l'expression de mes meilleurs sentiments,

(Signé) HYPPOLITE.

2. Nous extrayons de la *Justice* l'article suivant qui raconte les faits qui eurent lieu du 28 septembre au 7 octobre (voir *Une année de Journalisme*, page 29).

Tandis que Port-au-Prince était encore sous l'impression de l'acte abominable du 28 au 29 Septembre, les uns dans la plus grande consternation, d'autres affolés, parcourant les rues, tirant du fusil, vociférant des cris de démon : *Vive Légitime légitimement !* insultant les malheureux soldats du Nord, le steamer allemand *Thuringia* arriva en rade, devant continuer, après chargement, pour Gonaïves et Cap-Haïtien.

LIBERTÉ   ÉGALITÉ   FRATERNITÉ

RÉPUBLIQUE D'HAITI

DÉCRET

LE CONSEIL DÉPARTEMENTAL DU NORD

Considérant que le Gouvernement provisoire a cessé de mériter la confiance de la Nation.

Décréte ce qui suit :

Article premier. Le Gouvernement provisoire est et demeure déchu de ses fonctions.

Tous les hommes du Nord qui avaient obtenu leur permis, d'autres qui n'avaient pu en obtenir, montèrent à bord.

Toute la journée, s'opéra cet embarquement des vaincus de la trahison, du guet-apens.

Monsieur Légitime monta à bord, peu après le Général Tirésias Sam. Il y rencontra M. Desroches et plusieurs autres passagers déjà embarqués. S'adressant tantôt à M. Desroches, tantôt au Général Thimoléon Laroche ou au docteur Clémenceau Fouché, il leur dit ces paroles que tout le monde doit bien peser et analyser :

« Vous allez dans le Nord, faites bien comprendre que s'il y a
« eu assassinat politique, je n'y suis pour rien, ce sont les port-
« au-princiens qui en sont la cause. »

Peu après, le Général Hyppolite, qui venait de déposer sa démission, monta aussi à bord.

Déjà, depuis plusieurs jours, on parlait, dans certain milieu, à Port-au-Prince, de jeter les yeux sur le Général Hyppolite et de poser sa candidature à la Présidence, afin de pallier ce qui venait d'avoir lieu.

Le navire partit dans la soirée et arriva aux Gonaïves, le lendemain matin.

Le steamer français, arrivé le jour de notre départ, apportait, à Port-au-Prince, la nouvelle de la résolution du Cap de rester en

Article 2. Le présent décret sera publié à la diligence du commandant de l'arrondissement.

armes. La proclamation du général Mompoint et de tous les constituants nous était parvenue, à bord même.

Le Général Hérard Laforest est venu à bord lui aussi, mais c'était pour remettre à M. Desroches la valise que celui-ci lui avait remise, en même temps que le cadavre du Général Séïde Thélémaque.

Cette valise, enfermée dans une malle dont la clef était confiée par le général Laforest à Marcellus, guide du Général Séïde Thélémaque, fut déposée sur le pont, ouverte en présence de tout le monde.

Il y fut trouvé un sac d'argent et quelques autres objets reconnus les mêmes, par Dutréville Thélémaque qui les y avait placés.

Le Général Hérard Laforest remit aussi une petite malle du Général Séïde Thélémaque, défoncée, ne contenant qu'un pantalon galonné, un habit, son képi rouge brodé et une aigrette, seuls objets qu'il a pu sauver du pillage des nombreux effets du défunt.

Le sac d'argent fut scellé et confié au Commandant du *Thuringia* et les objets à Dutréville Thélémaque.

Arrivés aux Gonaïves, nous trouvâmes la ville en armes. Le Gl. Dumesle Garçon vint à bord, à la rencontre du Gl. Hyppolite.

Ils descendirent à terre avec plusieurs autres passagers, se rendirent à l'hôtel de l'arrondissement, où le Gl. Hyppolite, après le discours de monsieur F. M. Alexis, sa réponse, les discours de Mr. Desroches, de messieurs Paul Emile Latortue et M. Alexis aîné, fut reconnu par le Conseil révolutionnaire et l'autorité militaire des Gonaïves comme le successeur du Gl. Séïde Thélémaque, en qualité de général en chef de la Révolution.

Le *Thuringia* ne devait quitter les Gonaïves que mardi soir; mais, après entente avec le conseil révolutionnaire, son commandant consentit à partir pour le Cap, le samedi même.

Dimanche matin, la bonne et héroïque ville du Cap, les larmes aux yeux, revoyait ceux que la mort avait épargnés.

Le Gl. Hyppolite prit, dès son arrivée, l'initiative de la révolution. Un acte qui déclara la déchéance du Gouvernement provisoire fut immédiatement publié. Des préparatifs se firent pour l'expédition de forces à Gonaïves.

Le jeudi, dans l'après-midi, une première colonne, sous le com-

Fait en l'Hôtel du Conseil Départemental du Nord, ce 7 octobre 1838, an 85° de l'Indépendance.

mandement des généraux Phénix Durand et Bellevue Riché, s'embarqua, à destination de cette ville, sous les ordres du Gl. Mompoint.

3. « La Patrie » du 9 octobre, n° 8, raconte ainsi l'arrivée du général Hyppolyte aux Gonaïves.

« Le Général Hippolyte Gélin, ex-membre du Gouvernement Provisoire, a été reçu ici avec un vrai enthousiasme pour avoir fait preuve de civisme en donnant sa démission pour venir protester avec nous contre l'assassinat du Général en Chef. Il était accompagné d'un grand nombre de Capois, parmi lesquels on distinguait M. N. Desroches, le rédacteur du *Trait-d'Union*.

Le discours du Général Gélin a été fort applaudi, ainsi que celui de M. Desroches qui nous a émus en nous racontant la mort du Général en Chef. Des membres du Conseil Révolutionnaire ont répondu à ces discours et le public a crié en plusieurs reprises « Vive le Général Gélin ! A bas le Gouvernement Provisoire. » Le Général Gélin et ses compagnons sont repartis le même jour pour le Cap. »

Le même journal publie le décret suivant du comité révolutionnaire de l'Artibonite.

Le Conseil Révolutionnaire du Département de l'Arbonite,

Attendu qu'il s'agit de rendre les honneurs funèbres au Général en Chef, autant que les soins de la Révolution nous le permettent ;

Décrète :

Article 1er. La journée du Mercredi, 10 courant, est consacrée au deuil de notre Général en Chef, Séïde Thélémaque.

Art. 2. Le Conseil distribuera ce jour-là des crêpes à l'armée et aux citoyens.

Art. 3. Une messe de Requiem sera chantée à sa mémoire.

Art. 4. Les fonctionnaires de tous ordres et les citoyens avec leurs armes y assisteront sous les ordres de leurs chefs de poste.

Art. 5. Le Commandant de l'Arrondissement est chargé de l'exécution du présent Décret.

Donné aux Gonaïves, au bureau du Conseil du Département de 'Artibonite, aujourd'hui, le 8 octobre 1888, an 85° de l'Indépendance.

(Suivent les Signatures.)

A. Firmin, J. Lecorps fils, J. B. N. Tassy, Nemours Auguste, St. M. Dupuy, Stewart, Papillon, D. Gentil, Routier, Anderson Duvivier, J. C. Daniel, H Etienne, Mompoint jeune, Turenne Guillaumette, St. Firmin Blot.

Vu : Le Commandant de l'Arrondissement.

Et. L. Emmanuel.

LIBERTÉ   ÉGALITÉ   FRATERNITÉ

RÉPUBLIQUE D'HAITI

DÉCRET

LE CONSEIL DÉPARTEMENTAL DU NORD

Vu : l'acte de ce jour décrétant la déchéance du Gouvernement Provisoire ;

Décrète :

Art. 1er. Le Conseil Départemental prend dès ce jour la dénomination de Comité central Révolutionnaire du Nord.

Article 2. Le général HYPPOLITE que la population a acclamé comme Général en chef de l'armée de la Révolution est nommé Président du Comité.

Article 3. Quatre membres tirés du sein du Comité sont chargés de l'expédition des affaires courantes, de concert avec le Président.

Article 4. Le présent Décret sera publié à la diligence du commandant de l'arrondissement.

Donné à l'Hôtel du Comité, le 7 octobre 1888, au Cap-Haïtien, an 85e de l'Indépendance.

A. Firmin, J. Lecorps fils, J. B. N. Tassy, Nemours

Auguste, St. M. Dupuy, Stewart, Papillon, D. Gentil. Routier, Anderson Duvivier, J. C. Daniel, H. Etienne, Mompoint jeune, Turenne Guillaumette, St. Firmin Blot.

LIBERTÉ, ÉGALITÉ, FRATERNITÉ,

RÉPUBLIQUE D'HAITI

ARRÊTÉ

Le Comité Révolutionnaire Central du Nord.

A arrêté et arrête ce qui suit :

Art. 1er. Les gardes nationales et les différents corps de volontaires du Département du Nord, sont mobilisés et doivent se tenir prêts à répondre à l'appel de l'autorité, en se conformant à la discipline militaire.

Art. 2. Le présent arrêté sera publié et exécuté à la diligence des commandants d'arrondissement dans leur circonscription respective.

Donné, en l'Hôtel du Comité, ce 10 octobre 1888, an 85e de l'Indépendance.

Le président du Comité,
HYPPOLYTE.

LIBERTÉ   ÉGALITÉ   FRATERNITÉ

RÉPUBLIQUE D'HAITI

ORDRE DU JOUR [1]

Citoyens et soldats !

Il y a cinq jours depuis que je suis arrivé en cette ville.

Afin de justifier la haute confiance que les trois Départements du Nord, du Nord-Ouest et de l'Artibonite ont placée en moi en m'acclamant comme le Général en Chef de la Révolution, il m'a fallu tout oublier pour ne voir que la responsabilité que j'ai assumée.

Avec le concours de toutes les bonnes volontés, j'ai pu jeter les bases d'une réorganisation militaire de nature à soutenir la protestation que nous avons faite contre l'attentat odieux du 28 septembre. La tâche a été d'autant plus difficile que tous nos régiments de ligne, qui étaient en garnison à Port-au-Prince, se trouvent dans une complète décomposition. Cependant, cette difficulté n'a pas été au-dessus de nos efforts.

Une première division composée de nombreux volontaires de cette ville et des gardes nationaux mobilisés, a été mise en branle sous le commandement du général Mompoint jeune dont la bravoure et les aptitudes militaires sont connues de toute la République.

Nous devons, sans cesse, augmenter ce premier corps d'armée, afin de mettre à la disposition du général Mompoint des forces suffisantes pour répondre à toute éventua-

---

1. Voir les pièces annexes (B).

lité, en attendant que je me porte à la tête de l'armée, dans une huitaine de jours.

Les arrondissements de l'intérieur, qui n'ont pas encore expédié leurs contingents de troupes doivent le faire sans aucun retard. En nous pressant, nous donnerons au mouvement généreux que nous avons inauguré un caractère décisif, propre à obtenir le résultat que nous désirons si justement.

Déjà des troupes sont parties de Port-de-Paix pour se concentrer aux Gonaïves, où il se trouve un corps d'armée bien disposé et prêt à se réunir à nos forces, pour ouvrir ensemble la campagne. Mais rappelons-nous que le Nord doit particulièrement se montrer dans cette émulation de toute la République pour sauver l'honneur de la Patrie si gravement compromis par les auteurs et les inspirateurs du coup de main du 28 septembre.

Citoyens et soldats !

Ranimons-nous et élevons nos cœurs au sentiment de la dignité nationale qu'il faut conserver intacte, au-dessus des agissements d'une ambition égoïste et anti-patriotique Le Pays traverse une phase périlleuse, mais d'où il peut sortir avec le plus grand honneur. C'est l'heure du sacrifice.

Un peuple ne peut vivre sans maintenir en lui le feu sacré de la liberté et du patriotisme ; il ne peut se faire respecter s'il ne sait se dévouer pour le droit et la justice, dans les moments où des mains impies semblent vouloir s'abattre sur lui, sans reculer devant des forfaits qui feraient honte à des barbares.

Que tout le monde imite donc l'exemple de cette valeureuse jeunesse du Cap, qui est partie comme à la guerre sainte, pour anéantir les noirs desseins que quelques spéculateurs politiques de Port-au-Prince nourrissent dans l'ombre, contre nos libertés et notre indépendance nationale.

Cap-Haïtien, le 12 octobre 1888, an 85e de l'Indépendance.

Le Général en chef de la Révolution et Président du Comité Révolutionnaire Central du Nord.

HYPPOLITE.

La nomination de Mr. Légitime comme le chef du Pouvoir Exécutif, fut une nouvelle cause de protestation pour les trois départements du Nord. Ce fait, ajouté au blocus des ports des trois départements, provoqua le Mémoire adressé aux puissances étrangères, Mémoire rédigé par Mr. A. Firmin, un des membres les plus actifs du Comité Révolutionnaire central du Nord [1].

| LIBERTÉ | ÉGALITÉ | FRATERNITÉ |

RÉPUBLIQUE D'HAITI

Le Comité Révolutionnaire du Nord [2]

PROTESTATION !

Attendu que par décret du Comité Révolutionnaire cen-

---

1. Voir à l'Annexe le mémoire adressé aux puissances étrangères (B).
2. Le général Mompoint jeune fut désigné pour aller conduire les opérations dans l'Artibonite. En partant, il publia la profession de foi suivante :

tral siégeant au Port-au-Prince, le 24 août dernier, un gouvernement provisoire composé des citoyens E. Claude,

« Avant de quitter le Cap, à la tête de la première division en marche sur le Port-au-Prince, je sens le besoin de communiquer mes pensées et mes sentiments à tous ceux dont la coopération doit assurer le triomphe de la cause que nous avons entreprise de soutenir dans les trois départements du Nord, du Nord-Ouest et de l'Artibonite.

Tout le monde le sait: j'ai une position qui me garantit l'indépendance personnelle ; je ne vise à aucune fonction dont la convoitise pourrait me porter à me jeter dans la politique, sans foi ni conviction.

Avant d'accepter l'honorable et délicate mission qui m'a été confiée de commander les forces composant l'avant-garde de la Révolution, j'ai mûrement réfléchi. Je m'y décide; car mon devoir de patriote ne m'a point permis de rester indifférent à une manifestation d'une aussi haute moralité politique que celle de protester contre les tristes événements qui ont assombri le Port-au-Prince, le 28 septembre dernier. J'ai trop souffert de la tyrannie de Mr. Salomon pour que je refuse de lutter à côté de mes concitoyens, afin d'empêcher que le Pays ne retombe dans un système politique où le cynisme sert de principal état du despotisme avoué ou dissimulé.

Je suis un soldat et un soldat d'honneur.

Je jure, devant la nation et, particulièrement, devant la courageuse et noble population du Cap, dont l'estime m'honore et m'engage en même temps, que je resterai inébranlablement fidèle à ma parole donnée. Je seconderai, contre tous et en toutes circonstances, le digne et éminent général Hyppolite que la Révolution a spontanément choisi comme chef et dont le nom seul est un gage de succès. Après que les Constituants réunis en un lieu où leur déclaration soit à l'abri de toute pression de la soldatesque et de la démagogie, auront librement élu le Président de la République, je serai le premier à réclamer le congé qui doit me rendre à mes affaires et à ma famille. Mais, alors, je pourrai y vivre tranquille, sans crainte pour ma liberté et celle de mes concitoyens, à la défense desquelles j'ai franchement accepté de prê-

Boisrond Canal, S. Thélémaque, F. D. Légitime, Hyppolite, U. Saint-Amand et C. Archin, a été institué avec mission de diriger la marche du service public, de dissoudre les chambres législatives alors existantes et de convoquer immédiatement les assemblées primaires à l'effet de nommer des constituants, etc.

Attendu que, suivant l'article 3 du même décret, le nombre des constituants est égal à celui des députés du peuple, c'est-à-dire que l'assemblée constituante doit être composée de *quatre-ving-quatre* constituants ;

Attendu que le gouvernement provisoire ayant déposé ses pouvoirs devant la protestation des trois départements de l'Artibonite, du Nord, et du Nord-Ouest, ainsi que l'important arrondissement de Jacmel, dans l'Ouest, une minorité de vingt-sept constituants réunis à Port-au-Prince, a usurpé le titre d'Assemblée constituante, en s'arrogeant le droit de *déléguer le Pouvoir exécutif* au général F. D. Légitime, sans indiquer la nature de ce pouvoir, en expliquant si c'est la *royauté*, *l'empire* ou même la *dictature*, dissimulée sous le prétendu contrôle d'une réunion de quelques constituants sans caractère légal ;

Attendu que l'acte arbitraire et illégal des *vingt-sept* constituants aux gages du général Légitime, ne peut faire

---

ter mon épée ; car le pays aura repris confiance en lui-même et la Paix aura des garanties solides dans la pratique d'une politique sincère et honnête.

MOMPOINT Jeune.

Le général Mompoint Jeune justifia pleinement le choix du général Hyppolite et se fit, par sa politique de persuasion et son énergie invincible ,un nom qui ne périra pas.

loi dans la République, mais doit être énergiquement repoussé par tous les citoyens de cœur.

Le Comité révolutionnaire central du Nord déclare protester comme, de fait, il proteste devant Dieu et devant la Nation contre l'usurpation commise par le général Légitime et la minorité des constituants factieusement érigée en Assemblée Constituante.

Aucun ordre, aucune décision, aucun arrêté émané de l'usurpateur ou de son prétendu conseil ne sera exécuté ; les commandants de la force armée sont autorisés à repousser toute agression partie des sicaires de l'infâme F. D. Légitime, en attendant que le Pays ait fait justice de ces vils ambitieux.

Cap-Haïtien, le 22 octobre 1888, an 85ᵉ de l'Indépendance.

(Signé) Hyppolite, A. Firmin, Mompoint jeune, J. B. N. Tassy, H. Etienne, J. C. Daniel, N. Pierre-Louis jeune, P. A. Stewart, N. Auguste, Papillon, St-Martin Dupuy, Lecorps fils, St-Firmin Blot, T. Guillaumette, Démosthène Gentil, A. Grimard, A. Duvivier.

LIBERTÉ   ÉGALITÉ   FRATERNITÉ

RÉPUBLIQUE D'HAITI

PROTESTATION

Aujourd'hui, mardi, vingt-troisième jour du mois d'octobre, mil huit cent quatre-vingt-huit, l'an quatre-vingt-cinquième de l'Indépendance d'Haïti, à huit heures du matin.

Nous, le chargé de l'arrondissement du Limbé, autorités locales et citoyens de cet arrondissement, sur la convocation dudit chargé, nous sommes réunis dans le local du Palais National, pour entendre la lecture d'une dépêche du Comité Révolutionnaire Central du Nord, adressée au susdit chargé de cet arrondissement, datée du 21 courant au n° 49, par laquelle le Comité Révolutionnaire Central du Nord porte à sa connaissance que le général Légitime s'est fait nommer, le 16 de ce mois, Président provisoire d'Haïti, par trente-quatre Constituants seulement au lieu de cinquante-six qu'il fallait réunir.

Ces Messieurs ont pris le titre de conventionnels. Le général Anselme Prophète est Ministre de la Guerre ; O. Piquant, Ministre de l'Intérieur ; Alix Rosignol, Ministre des Finances ; Massillon Louture, Ministre de la Justice, et Gaston Margron, Ministre de l'Instruction publique.

Nous, autorités et citoyens, avons protesté contre cet acte étrange, illégal, inqualifiable et injuste de la nomination du général Légitime à la présidence, comme de fait nous protestons de la manière la plus déterminée.

Nous déclarons devant Dieu et les hommes de concourir avec nos frères de l'Artibonite, du Nord-Ouest et du Sud les armes en main pour la revendication des principes violés par la nomination du général Légitime à la présidence.

Rallions-nous, et formons un corps pour maintenir nos principes violés et méconnus.

(Signé) C. F. Bazin, T. C. Laurent. P. Lecorps. S. M. Bony, D. C. Laurent, Jh. M. Bazin, Tn. Lubin, N. C. Laguerre, L. Charles, Pierre Victor père, L. Perceval, Delaunay, Pierre Victor fils, J. B. C. Audigé, T. Audigé, *(constituant)* T. Santel, Ambroise Joseph, F. Garcia.

G. Docteur, S. Jh. Constant, Louis Despaigne, M. Desronvil, L. Obas, V. Obas, B. Achille, C. Céléus, Dorsemond St. Jean, *Commandant de la Commune de Plaisance.*

(Suivent d'autres signatures.)

Le chargé de cet arrondissement.

Vital OBAS.

LIBERTÉ ÉGALITÉ FRATERNITÉ

RÉPUBLIQUE D'HAITI

Nous, habitants de l'arrondissement du Fort-Liberté, déclarons protester, comme, de fait, nous protestons de toute la force de notre âme contre l'acte inouï par lequel Monsieur D. Légitime, au grand mépris de notre pacte fondamental, s'est donné, le 16 de ce mois, le titre de président provisoire d'Haïti, en se servant de trente-quatre constituants qu'il a pu trouver sous sa main à la Capitale, sur les quatre-vingt-quatre que décrète notre Constitution, lesquels constituants il a convertis en Convention Nationale, rappelant ainsi la page la plus lugubre, la plus sanglante de l'histoire de l'humanité ;

Contre l'ambition égoïste de ce Monsieur qui pousse sans pitié les frères les uns contre les autres et qui a juré de gravir les degrés du pouvoir, même au flambeau de la guerre civile, même au sacrifice du prix de notre autonomie. Et jurons, devant Dieu et devant les hommes, de ne déposer les armes encore immaculées que nous ceignons, qu'après avoir vengé le sang de l'un des plus dignes de nos concitoyens injustement versé, dans la nuit du 28 Septembre dernier, brisé tout acte qui semble couronner ce forfait, ou trouvé la mort en défendant la cause que nous avons si justement embrassée.

Fort-Liberté, le 24 Octobre 1888, an 85° de l'Indépendance.

(Signé) Clément, Alexis Phanor fils, Riché, O. Bastien, E. Chavannes, Auguste, J. A. Chavannes, M. Béliard, Dorlus Monpoint, P. Manigat, C. Mathieu, Util. Manigat, B. Lamothe, Valcour Mondestin, S. Dumas, Jh. Nelson fils, Renélus Toussaint, Lessage Firmin, Noël Étienne, St. Just Charles Pierre, Stanislas Joseph, Dantès Joseph, Cenatus Calixte, Joseph Volnir, Carmelus Chs. Pierre, Filsmène Gerard, Justinvil Raphaël, Joseph Sejour, St. F. Jean, Fréderick Léras, Eléazard Toussaint, François Etienne, D. Prudhomme, Joseph Thésnord, Chérulus Joseph, Sinées Petit Papa, Frédérick fils, Jules Fabre Almagene, Maximilien Fontale, Joseph Jules, M. J. Buteler, Tercius Raphaël, Joseph Vincent, M. Cadetus, Alexis Jn. Charles, Prévil Toussaint, J. D. Laforest, Kernisant Toussaint, B. M. Marcellus, C. Duclos, D. Guillaume, A. Boisvert, Philogène fils, F. Alexis, Saint-Louis Thimoté, V. P. Alexis, D. Hippolyte Duval, J. Ed. Etienne, D. Ed. Étienne, Jn. Bte. H. Mehu, St. Ilmond Emmanuel, Théodore jeune, Imuratel Poisson.

Suivent beaucoup d'autres signatures.

Le commandant de l'arrondissement,
(Signé) Louis Duton EDOUARD.

LIBERTÉ   ÉGALITÉ   FRATERNITÉ

RÉPUBLIQUE D'HAITI

PROTESTATION

Le Conseil Révolutionnaire de St-Marc.

Attendu que la souveraineté du peuple haïtien réside dans l'universalité de ses concitoyens qui exercent leurs droits politiques, en certains cas, par l'intermédiaire des mandataires qu'ils élisent légalement.

Attendu que, par suite de la Révolution du 5 Août de cette année, le Comité Révolutionnaire Central siégeant à Port-au-Prince, a, dans son décret, en date du 24 Août, convoqué les Assemblées primaires dans chaque commune pour l'élection des Constituants qui étaient appelés, 1° à élaborer une Constitution, 2° à élire à la majorité des 2/3 un Président pour la République d'Haïti.

Attendu que presque dans toute l'étendue de la République des Constituants ont été élus ;

Attendu qu'au moment où le pays s'attendait à voir l'exécution du Décret du 24 août du Comité Révolutionnaire Central, contre son attente, l'ambition et la cupidité de quelques citoyens sans patriotisme, ennemis de leur pays et des principes de justice, ont fait naître à Port-au-Prince, un acte sans précédent dans les annales politiques d'Haïti et des autres peuples ;

Attendu que 27 citoyens-constituants, sans égard au Droit sacré d'un peuple, sans respect pour les lois du pays et pour celle dite de majorité, ont osé, sans souci de leur dignité personnelle, nommer le citoyen F. D. Légitime, Chef du Pouvoir Exécutif;

Attendu que cet acte illégal est une insulte faite à la Nation, une violation flagrante du Décret sus-visé et porte atteinte à la liberté et aux droits les plus précieux des citoyens d'Haïti.

Au nom des habitants de l'Arrondissement de Saint-Marc et de l'Armée, déclarons protester, comme, de fait, nous protestons devant Dieu et la Nation, contre l'usurpation commise par le citoyen F. D. Légitime et contre la décision illégale, arbitraire de la minorité de 27 citoyens-constituants, qui s'est placée en Assemblée Constituante. — Déclarons méconnaître toutes décisions, tous arrêtés émanés de ces usurpateurs et jurons de maintenir nos présentes déclarations, par toutes les voies de force, de raison et de justice.

Donné en l'Hôtel du Conseil Révolutionnaire de St-Marc, ce jourd'hui, 29 Octobre 1888, an 85° de l'Indépendance.

Les Membres du Conseil.

(Signé) Destin St. LOUIS, DESINOR, DUPITON, D. NARCISSE, Felix MONTAS, E. VALBRUNE.

(Suivent les signatures.)

LIBERTÉ   ÉGALITÉ   FRATERNITÉ

RÉPUBLIQUE D'HAITI

Port-de-Paix, 25 octobre 1888.

PROTESTATION

Tout peuple qui a des institutions doit les faire respecter, même au prix de son sang, et sévir contre tous ceux qui les foulent aux pieds pour servir leurs intérêts et satisfaire leur ambition. C'est ainsi qu'il s'élèvera à la dignité nationale, et acquerra une place au banquet des nations civilisées.

C'est pour ces causes que nous, membres du Comité Révolutionnaire du Port-de-Paix, protestons en face de Dieu et de la Nation, contre l'acte à jamais illégal de cette minorité infime de la Constituante qui a aveuglément conféré à Monsieur Légitime le titre de chef du Pouvoir Exécutif, et déclarons faire cause commune avec nos frères du Nord, de Jacmel et de l'Artibonite, pour demander compte à ces audacieux du mépris fait à nos lois. Oui, nous jurons de ne nous soumettre qu'à celui qui aura été élu constitutionnellement et par la majorité de la Nation, et de nous jeter plutôt dans les tourmentes d'une guerre intestine que d'obéir à un usurpateur ou à un pouvoir illégitime qui met en jeu l'honneur et le salut de la Patrie.

(Signé.) G. Théophile, M. Lamontagne, Lalanne, F. A. Honoré, L. Tiphaine.

Vu et approuvé.
Le commandant provisoire de l'arrondissement,
(Signé) GUILBAUT.

LIBERTÉ ÉGALITÉ FRATERNITÉ

RÉPUBLIQUE D'HAITI

PROTESTATION [1]

Aujourd'hui vendredi, dix-neuvième jour du mois d'Octobre mil huit cent quatre-vingt huit.

Les soussignés, dépositaires de l'autorité dans cet Arrondissement, et citoyens notables de cette ville, répondant à l'appel du général Mérisier Jeannis, se sont réunis en l'hôtel de cet arrondissement pour prendre communication des pièces reçues du Port-au-Prince par lesquelles le général F. D. Légitime nous notifie sa nomination de chef du Pouvoir exécutif par l'assemblée constitante.

Considérant que le gouvernement provisoire auquel le pays obéissait s'est dissous, en déclinant la responsabilité des événements qui s'accomplissent actuellement;

Considérant que les constituants à la Capitale ne forment pas la majorité nécessaire, n'ont point qualité pour prendre des mesures intéressant toute la République ; que dans le cas même où cette majorité aurait été obtenue, l'assemblée constituante ne pourrait pas outrepasser son mandat nettement défini : celui d'élire le Président de la République et d'élaborer une constitution ; que le fait d'avoir conféré au général Légitime le titre de chef du Pouvoir exé-

---

1. Privés d'armes et de munitions, les protestataires de Jacmel furent vaincus par Légitime. Les principaux chefs et toute la jeunesse de cette ville s'embarquèrent pour Kingston d'où ils se rendirent dans le Nord. En prenant les armes, Jacmel avait envoyé dans le Nord, sur l'« Haïtian République », ses constituants et quelques autres délégués. Ces Messieurs furent capturés avec le navire auquel fut fait le procès dont on connaît la suite.

cutif constitue un acte illégal contre lequel on doit protester; que dès lors, il importe à cet arrondissement d'administrer lui-même ses intérêts, de les gérer jusqu'à ce qu'il soit créé un gouvernement régulier issu de la volonté nationale;

Pour ces motifs, nous déclarons protester, et comme, de fait, nous protestons contre la nomination du général Légitime dans les conditions où elle a eu lieu; déclarons prendre charge du service public dans cet arrondissement pour en rendre compte au gouvernement que le pays de toute liberté se choisira.

Fait à l'Hôtel de l'arrondissement de Jacmel, les jour, mois et an que dessus.

Suivent les signatures, etc. etc.

Vu et certifié:

Le commandant de l'arrondissement,

(Signé) M. JEANNIS.

Pour copie conforme:

Les conseillers d'arrondissement.

G. HARMAND, St. PAUL, P. LAMBERT, *Constituant de Jacmel*, S. NICOLAS, J. PARDO jeune, *Contituants de Jacmel*, A. JN. BAPTISTE, *Constituant de Bainet.*

LIBERTÉ   ÉGALITÉ   FRATERNITÉ

RÉPUBLIQUE D'HAITI

Le comité Révolutionnaire central du Nord.

DÉCRET

Vu la retraite du Gouvernement provisoire institué à

Port-au-Prince, le 24 août dernier, par les Comités Révolutionnaires réunis ;

Considérant que les événements accomplis à la Capitale dans la nuit du 28 au 29 septembre, en soulevant la plupart des communes de la République, ont empêché la réunion de l'Assemblée constituante à la date fixée par le décret du 25 août ;

Considérant qu'il importe de retirer le pays, dans le plus bref délai possible, de la situation précaire où l'ont plongé ces événements, et de reconstituer définitivement e gouvernement légal de la République ;

Mais considérant qu'une œuvre de cette nature ne peut, par son importance et sa délicatesse même, s'accomplir que dans le calme et à l'abri de toute pression ; qu'il faut donc entourer les délibérations de l'Assemblée constituante de toutes les garanties d'ordre et de liberté commandées par les circonstances ;

Considérant que la ville de Port-au-Prince, siège ordinaire des Assemblées Législatives, ne peut, par suite des événements du 28 septembre et à cause de l'autorité dictatoriale qu'y exerce le général F. D. Légitime, assurer aux mandataires de la nation le calme, la sécurité et l'indépendance indispensable à l'accomplissement de leur mission ; qu'il y a lieu, dès lors, de choisir une autre ville du pays pour la réunion de l'Assemblée Constituante ;

Décrète :

Art. 1er. Les constituants des communes des départements du Nord, du Nord-Ouest et de l'Artibonite, et ceux des communes de l'arrondissement de Jacmel, sont convoqués pour le lundi 5 novembre prochain.

Art. 2. La ville des Gonaïves, chef-lieu du département de l'Artibonite, est désignée pour la réunion de l'Assemblée constituante.

Art. 3. Les constituants des communes de l'Ouest et du Sud, sur le patriotisme desquels compte le Comité Révolutionnaire Central du Nord, sont conviés à se réunir à leurs collègues du Nord, du Nord-Ouest de l'Artibonite et de Jacmel, afin de constituer l'Assemblée et de procéder à l'élaboration de la Constitution et à l'élection du Chef de l'Etat, conformément à l'article 1er du Décret du 25 août.

Donné à l'Hôtel du Comité Révolutionnaire Central du Nord, au Cap-Haïtien, le 25 octobre 1888, an 85° de l'Indépendance.

Nemours Auguste, A. Firmin, Stewart, St. M. Dupuy, J. C. Daniel, Jh. Lecorps fils, Nemours Pierre-Louis jeune, A. Grimard, Anderson Duvivier, I. Routier, T. Guillaumette, D. Gentil, A. Ménard, St. F. Blot.

Le Président,
HYPPOLITE.

LIBERTÉ,   ÉGALITÉ,   FRATERNITÉ,

RÉPUBLIQUE D'HAITI

DÉCRET

Le Comité Révolutionnaire Central du Nord.

Vu la rareté actuelle du numéraire, et la gêne qui en résulte pour les transactions commerciales ;

Considérant qu'il est urgent de remédier à cet état de choses, et de donner au public les moyens d'échange dont il est privé ;

Considérant que la monnaie mexicaine, par sa facilité de circulation, remplira sans péril le but désigné ;

Attendu que le Comité Révolutionnaire Central du Nord a pris l'engagement formel de fixer le taux de la piastre mexicaine à quatre vingts centimes, par rapport à la monnaie nationale et de ne pas permettre qu'il soit porté au delà.

Décrète.

Article 1er. La piastre mexicaine sera reçue à partir de ce jour, concurremment avec la monnaie nationale dans toutes les caisses publiques.

Article 2. Sa valeur de circulation est et demeure fixée à quatre-vingts centimes.

Article 3. Le présent Décret annule tous autres décrets, lois ou arrêtés qui y sont contraires.

Donné à l'Hôtel du Comité Révolutionnaire Central du Nord, au Cap-Haïtien, le 3 novembre 1888, an 85e de l'Indépendance.

Le Président du Comité,

HYPPOLITE.

Les constituants se réunirent aux Gonaïves, conformément au décret du 25 octobre, au nombre de 39, sous la présidence du constituant Bazile [1].

---

[1]. Noms des Constituants réunis aux Gonaïves :
1. P. E. Latortue, Gonaïves ;
2. Louis Bazile, Marmelade ;
3. Figaro Jean-Philippe, Grande-Saline ;
4. Flotte Barbot, Ennery ;
5. M. Alexis fils, Terre-Neuve ;
6. A. Honoré Maurepas, Bombardopolis ;
7. J. B. Richard, Gros-Morne ;
8. A. M. Alexis, Gonaïves ;

Dès la première séance [1], le constituant J. B. N. Desroches proposa de dénoter la déclaration suivante.

DÉCLARATION

Considérant que, sans les événements du 28 au 29 septembre dernier, qui ont rompu l'harmonie de la Révolu-

9. Th. Poitevien, Port-de-Paix ;
10. Masséna Péralte, Hinche ;
11. M. Alexandre, Verrettes ;
12. Josaphat François, Môle St.-Nicolas ;
13. Mercy Grand Pierre, Petite-Rivière de l'Artibonite ;
14. Sidrac Lucas, Jean-Rabel ;
15. J. B. N Desroches, Acul-du-Nord ;
16. J. J. Cincinnatus Leconte, St.-Michel du Nord ;
17. F. N. Apollon, Anse-à-Foleur ;
18. Ph. Auguste Simon Sam, Borgne ;
19. D. S. Thimothé, Trou ;
20. Suffrin Salvant, Vallière ;
21. Jean-François Pierre-Louis, Sainte-Suzanne ;
22. Cimbert Jonas, Grande-Rivière-du-Nord ;
23. Miléon Jean-François, Dondon ;
24. M. Etienne, Milot ;
25. Emiléus Jean-François, Saint-Raphaël ;
26. P. A. Stewart, St.-Louis-du-Nord ;
27. T. Audigé, Limbé ;
28. Duvignol Aubas, Plaisance ;
29. O. Delphin, Quartier-Morin ;
30. C. D Guillaume Vaillant, Dessalines ;
31. A. Dérac, Saint-Marc ;
32. A. Firmin, Cap-Haïtien ;
33. A. Durosier, Perches ;
34. Louis André fils, Fort-Liberté ;
35. Chéry Hyppolite, Plaine-du-Nord.
36. Métellus St.-Vil Noël, Ouanaminthe.
37. Séjour Jean-Baptiste, Terrier-Rouge.

1. C'est dans cette même séance que fut déposée sur les bu-

tion inaugurée au Cap-Haïtien, le 5 août, et acclamée par toute Haïti, tous les Constituants de la République se seraient réunis à la Capitale le 10 octobre expiré, sur la convocation du Gouvernement, aux fins de remplir le mandat dont ils sont investis, c'est-à-dire élaborer une Constitu-

reaux de l'assemblée, la protestation suivante de la population de Port-de-Paix contre M. M. Sylvain, son constituant :

A.

L'Assemblée nationale Constituante siégeant aux Gonaïves,

Messieurs les Constituants,

Nous, Electeurs du Port-de-Paix,

Déclarons protester contre la façon d'agir de Michel Sylvain qui, malgré sa profession de foi, a trahi son mandat de 1er Constituant, trahi la société et livré le pays à l'anarchie et à la guerre civile, pour satisfaire son ambition personnelle, en contribuant à l'élection de M. Légitime.

Messieurs les Constituants !

Nous vous ferons remarquer qu'avant de déposer son vote dans l'urne, il a poussé son fils à écrire sur le journal *La Vérité*, un article pour prêcher la guerre à extermination. Et, après tous ces coups d'essai, nous avons reçu de lui des lettres qu'il a signées, invitant à une réaction, en faveur de l'homme néfaste qui a machiné l'assassinat du Général Séide Thélémaque et avili les hommes des trois Départements.

Nous croyons que vous ferez honneur à notre signature, car l'élection de Michel Sylvain est entachée de nullités et une requête a été déposée au parquet de cette ville, dénonçant toutes ces nullités. Des pièces ont été expédiées à l'égard de cette élection pour être publiées.

Port-de-Paix, le 20 octobre 1888.

(Signé) Ed. Desroches, Chérant Imbert, Ogé Dominique, F. Capois Belton, E. Desrameaux, L. Bien Aimé, L. E. Marseille, A.

tion en rapport avec les besoins politiques du peuple et élire le Président d'Haïti.

Considérant qu'une minorité de leurs collègues, au nombre desquels se trouve un citoyen porteur de faux pouvoirs comme Constituant de Vallière, s'est cru le droit de s'ériger en Assemblée Nationale Constituante ; que, devant cette réunion illégale, le Gouvernement Provisoire a trouvé nécessaire de déposer les pouvoirs que lui avait confiés le peuple représenté par le Comité Central de la Révolution siégeant à Port-au-Prince le 26 août dernier ; que, de cette minorité, vingt-sept Constituants ont commis l'acte illégal et anti-patriotique de conférer provisoirement à M. Légitime le titre de chef du pouvoir exécutif, sans définir ce titre, ni déterminer les attributions de ce Pouvoir si ce n'est que pour ouvrir la guerre civile dans la République ;

Considérant qu'avec la présence du 2e Constituant du Cap-Haïtien, le citoyen J. B. N. Tassy et des Constituants de l'arrondissement de Jacmel qui a aussi protesté comme le Nord, le Nord-Ouest et l'Artibonite contre les au-

---

Laros, S. Auguste, T. Leconte, E. Marseille, Saint-Cyr Alin jeune, Toussaint Applyrs, Léger Rodrigue, Desvallons jeune, L. Jn.-Jacques, M. Michel, Lalanne fils, J. V. Fouché, Avilmar Cué, Jny. Philogène, F. Guillaume, Petit-papa Fifi, Charles Olinski Eugène, Chèfrère Gué, Thomas Florian, F. Hilaire, C. Raphaël, C. Tiphaine, Isidor Saturnin, C. Brière, Jh. Brissette, G. Théophile, T. Caya, Lalanne, Thévenot, Constant Solon, S. Thévenot, J. Lalanne, Janvier Etienne, Faustin Fortune, Thimothé, fils, M. Dauphin, M. Louis Eugène, S. Bazile, Ajarcius Cadet, Pierre-Paul Alton, D. Thomas, F. Noël, B. Cadet, J. Zéphyr, L. Jh. Dorcé.

teurs des événements du 28 septembre, lesquels sont retenus sur l'*Haytian Republic*, navire de commerce américain capturé à sa sortie de St-Marc par le fait d'un blocus illégal et arbitraire, il y aurait en ce moment dans cette enceinte plus de la majorité absolue des quatre-vingt-quatre Constituants de la République, et qu'ainsi, l'Assemblée Constituante se serait constituée légalement et aurait fait un appel aux autres Constituants du sud et du reste de l'Ouest, et, en cas d'abstention de ceux-ci, dans le but d'arrêter la guerre civile au nom du salut du peuple, aurait rempli la mission qui lui incombe, en élaborant la Constitution et en élisant le chef de l'Etat ;

Et, d'autre part, considérant que l'absence forcée des Constituants retenus à bord de l'*Haytian Republic*, ne pouvant pas être regardée comme une abstention de leur part, puisqu'ils sont retenus par une force de circonstance majeure et indépendante de leur volonté,

Les trente-neuf Constituants soussignés représentant la majorité des deux tiers du territoire de la République, déclarent protester devant Dieu et le monde civilisé :

1° Contre le dépôt illégal des pouvoirs du Gouvernement provisoire entre les mains de la minorité des constituants de la République incapable de représenter légalement le peuple dans son intégralité ;

2° Contre l'acte illégal, arbitraire et anti-patriotique de cette minorité qui a conféré provisoirement à Monsieur Légitime le titre de chef du pouvoir exécutif avec mission de faire la guerre civile dans le pays.

Ils font un dernier appel à leurs collègues du Sud et du reste de l'Ouest, même aux 27 qu'ils supposent avoir agi sous la pression de M. Légitime et qui ont encore à remplir leur mission d'élaborer une constitution et élire le chef de l'Etat, de se réunir à eux dans un délai de huit jours, afin que tous ensemble ils contribuent à retirer la République de l'état d'anarchie dans lequel elle se trouve et principalement d'arrêter la guerre civile commencée par M. Légitime, en remplissant le mandat qui leur est confié par le peuple.

Ils déclarent en outre que, passé ce délai, si leurs collègues ne répondent pas à leur appel et que les communes que représentent ceux-ci ne désapprouvent pas leur conduite anti-patriotique, ils se constitueront en Assemblée Constituante au nombre de quarante-quatre, majorité absolue des quatre-vingt-quatre représentants de la République. — Le 2ᵉ constituant de Cap-Haïtien et les 3 de l'arrondissement de Jacmel retenus forcément à bord de l'*Haytian Republic* étant considérés comme absents par une circonstance indépendante de leur volonté.

Fait à l'Hôtel de l'Assemblée Constituante des Gonaïves, le 8 novembre 1888, an 85ᵉ de l'Indépendance.

Une commission composée de MM. Figaro Jean-Philippe, A. Jh. Dessources, Jh Poitevien, A M. Alexis, J. François, P. E. Latortue, A. Dérac, A. Firmin, P. A. Stevart, fut chargée de faire un rapport sur la proposition Desroches.

Le 12 novembre ils revinrent dans l'Assemblée avec le rapport suivant

Messieurs,

« Votre commission a examiné avec tout le soin que réclame son importance le projet de déclaration que vous a lu le constituant J. B. N. Desroches dans notre réunion du 8 du courant.

« Quand des mandataires du peuple, oubliant ce qu'ils se doivent et ce qu'ils doivent au pays, sacrifient, comme les constituants assemblés au Port-au-Prince, la dignité de leur mandat, et les plus chers intérêts de la Patrie à leurs passions égoïstes et à l'ambition d'un homme, les élus de la nation qui sont restés étrangers à de tels actes, et qui ont, comme nous, les mains et la conscience absolument nettes, doivent élever la voix et les flétrir comme ils le méritent.

« L'honorable constituant Desroches l'a très bien compris et nous ne saurions trop le féliciter d'avoir pris l'initiative d'une mesure qui répond si bien aux sentiments de tous. — Mais le Parlement, Messieurs, a ses usages, sa procédure, son langage, et le projet dont il est question, quoique parfaitement correct au fond, pèche quelque peu en règles, par le titre et par la forme. C'est pourquoi la commission, tout en s'attachant aux idées qui sont justes et n'ont suggéré à ses membres que de très légères observations, a cru devoir modifier le titre et la forme du projet, le scinder et en faire deux actes, une Protestation et une Résolution, qu'elle va avoir l'honneur de vous soumettre et qu'elle recommande tout particulièrement à votre haute approbation.

Fait au palais de l'Assemblée Constituante, aux Gonaïves, le 12 novembre 1888, an 85 de l'Indépendance.

Signé : Figaro Jn. Philippe, A. Jh. Dessources, Jh. Poitevien, A. M. Alexis, J. François, P. E. Latortue, A. Dérac A. Firmin, président, Stewart, rapporteur.

LIBERTÉ,   ÉGALITÉ,   FRATERNITÉ,

RÉPUBLIQUE D'HAITI

PROTESTATION

Nous, Constituants soussignés, réunis au nombre de trente-neuf dans la salle affectée à nos séances, conformément au décret du comité révolutionnaire central du Nord, en date du 25 Octobre, sans compter les collègues J. B. N. Tassy, P. Flambert, Isaac Pardo et J. A. Jn. Baptiste, qui ont également protesté contre l'acte du 16 Octobre, illégalement qualifié de décret par une minorité de constituants alors présents à la capitale.

Considérant que le Comité révolutionnaire central de Port-au-Prince a décrété que le nombre des constituants serait le même que celui des députés, c'est-à-dire de quatre-vingt-quatre ; que les élections ordonnées par le décret du Gouvernement provisoire, en date du 25 Août ont donné pour résultat le nombre de 81 constituants élus dans l'étendue de la République ;

Considérant que d'après les principes qui forment la base de notre droit constitutionnel, aucune assemblée parlementaire ne peut être régulièrement constituée, si elle ne réunit, au moins, les deux tiers de ses membres élus, et qu'une innovation dans le *quorum*, fût-ce même la majorité absolue, ne pourrait être adoptée qu'autant que l'Assemblée, déjà constituée avec la majorité consacrée, l'aurait acceptée et votée ;

Déclarons protester et protestons devant Dieu et le monde civilisé.

1° Contre le fait des 31 constituants présents à la réunion du 16 Octobre, lesquels ont usurpé le titre d'Assemblée Nationale constituante, lorsqu'ils ne représentaient que les deux cinquièmes des constituants élus.

2° Contre l'acte arbitraire et anti-patriotique de cette minorité qui s'est arrogé le droit de déléguer provisoirement le *Pouvoir Exécutif* à Mr. Légitime, avec mission d'allumer la guerre civile dans le pays, sous le prétexte ridicule de la *défense nationale*, lorsque cette guerre n'aurait pour but que de contester les droits de trois départements (sur les cinq qui composent le territoire haïtien) à manifester leur volonté de combattre la candidature du même Mr. Légitime à la présidence d'Haïti.

3° Contre tous les actes qu'auront ordonnés ou exécutés la fausse Assemblée constituante ou le prétendu chef du pouvoir exécutif, ainsi que les actes qu'ils pourront ordonner ou exécuter à l'avenir, notamment la convocation illégale des assemblées primaires de la Croix-des-Bouquets, de Léogane et de Tiburon, convocation que l'ex-gouvernement provisoire ou l'Assemblée Constituante dûment constituée auraient seuls le droit de décréter.

Cette protestation, faite en toute liberté et dans l'exercice de nos droits de mandataires du peuple, laisse

Mr. Légitime et ceux qui l'assistent personnellement responsables de toute dépense, dette, charge ou engagement qu'ils auront faits ou contractés durant leur usurpation, sans que les tiers, haïtiens ou étrangers, puissent jamais s'en autoriser pour faire aucune réclamation à la République.

Fait aux Gonaïves, au Palais de l'Assemblée Constituante, le 13 Novembre 1888, an 85me de l'Indépendance.

A. Firmin, Sidrac Lucas, Ph. Simon, Durosier, P. E. Latortue, F. N. Apollon, S. Jn. Bte. Toussaint, A. Jh. Dessources, J. B. Richard, Th. Poitevien, Em. J. François, J. François, D. Obas, Cimb. Jonas, Louis André fils, Mlo. Jn. François, T. Audigé, M. Alexandre, S. F. Salvant, O. Delphin, J. F. Pre. Louis, M. Alexis fils. J. B. N. Desroches, Barbot, D. S. Thimothé, A. H. Maurepas, M. Péralte, M. Etienne, Ctus. Leconte, A. M. Alexis, A. Dérac, C. D. Guillaume Vaillant, M. Grand Pierre, M. S. Noël, P. Ménard, Chéry Hyppolite, F. Jh. Baptiste, Stewart, L. Bazile.

RÉSOLUTION

Considérant que le peuple, en prenant le libre exercice de ses droits, a voulu, au régime arbitraire et tyrannique qu'il avait renversé, substituer un ordre de choses nouveau, basé sur le respect des lois et la pratique sincère des libertés publiques ;

Que, c'est fidèle à ce programme et obéissant à la volonté nationale qui l'avait inspiré que, réunis à Port-au-Prince le 24 Août dernier, les comités révolutionnaires ont résolu la dissolution des Chambres et la formation d'une Assemblée Constituante devant donner au pays un Chef et une Constitution appropriée à ses besoins et à ses véritables aspirations ;

Considérant, que, librement issue des suffrages de la nation et chargée, par la nature de ses fonctions, de poser les bases premières de cet ordre de choses légal, l'Assemblée Constituante trahirait son mandat, et méconnaîtrait le but de son institution, si elle portait elle-même atteinte aux principes sacrés proclamés par la Révolution ;

Considérant que c'est par oubli de ces principes et en s'insurgeant contre la volonté nationale qu'une minorité de Constituants, à Port-au-Prince, a commis l'acte illégal et inouï d'usurper les droits de la majorité et de déléguer le Pouvoir suprême au général F. D. Légitime ;

Considérant qu'en cette grave occurrence, il est du devoir des Constituants du Nord, de l'Artibonite et du Nord-Ouest, restés fidèles à leur mandat non seulement de protester contre cette illégalité et cette usurpation, mais d'affirmer, une fois de plus, leur attachement aux institutions et leur soumission entière aux volontés de la Nation ;

En conséquence de ce qui précède :

Les Constituants soussignés, représentant les départements du Nord, de l'Artibonite et du Nord-Ouest, ont pris et arrêté les résolutions suivantes :

1° De se renfermer strictement dans les limites de leur mandat, tel qu'il résulte du décret du 24 août dernier, et de ne se livrer à aucun acte y relatif sans avoir obtenu pour leur constitution définitive, la majorité des deux tiers consacrée par le droit public haïtien depuis ces vingt dernières années ;

2° De se tenir en permanence dans la ville des Gonaïves, désignée pour la réunion de l'Assemblée Constituante, jusqu'à l'obtention de cette majorité.

A cet effet, ils font un suprême appel à leurs collègues assemblés à Port-au-Prince et les adjurent, au nom de la Patrie épuisée, de se réunir à eux pour élaborer une Constitution, reconstituer le Gouvernement légal de la République et éviter ainsi au pays, déjà tant éprouvé une nouvelle et inutile effusion de sang.

Fait au Palais de l'Assemblée Constituante, aux Gonaïves, le 13 novembre 1888, an 85° de l'Indépendance.

A. Firmin, F. N. Apollon, P. E. Latortue, D. Obas, Durosier, A. J. Dessources, E. M. Jn.-François, M. Alexandre, Ph. Simon, M. Jn.-François, Cimb. Jonas, S. Salvant, J. F. Pre.-Louis, M. Etienne, A. H. Maurepas, M. Paralte, Louis André fils, D.-J. Thimothé, Sidrac Lucas, J. M. Richard, O. Delphin, J. François, S. Jn. Bte. Toussaint, M. Audigé, H. Poitevien, Barbot, M. Alexis, Ctus. Leconte, A. M. Alexis, A. Dérac, C. D. Guillaume Vaillant, M. Grand-Pierre, M. S. Noël, P. Ménard, Chéry Hyppolite, F. Jn.-Baptiste, Stewart, L. Bazile.

LIBERTÉ, ÉGALITÉ, FRATERNITÉ.

RÉPUBLIQUE D'HAITI

Cap-Haïtien, 22 novembre 1888, an 85ᵉ de l'Indépendance

LE COMITÉ

RÉVOLUTIONNAIRE CENTRAL DU NORD.

*Aux
Chefs des forces militaires en marche sur la capitale;
Aux Commandants des Arrondissements formant la circonscription de la Révolution.*

Général,

Hier matin, le croiseur français le « Bisson » a paru dans nos eaux avec une délégation chargée, disait-elle, de nous faire certaines propositions. Au lieu de se rendre au sein du Comité pour accomplir sa mission, cette délégation nous invita à monter à bord le plus tôt possible, en vue d'en prendre connaissance.

Comme bien vous pensez, nous n'avons pas accédé à son désir, et nous lui avons offert toute sécurité, dans le cas où elle voudrait descendre à terre pour négocier avec nous. Mais, sans plus nous rien dire, elle est partie en ne nous laissant que des conjectures. Vous verrez dans notre Bulletin la correspondance échangée dans la circonstance, correspondance que nous vous plaçons sous les yeux, dans le double but de vous faire savoir de quelle façon nos ennemis entreprennent auprès de nous des démarches en conciliation, et jusqu'à quel point nous tenons à sauvegarder les intérêts de la cause commune, et la dignité de tous ceux qui militent en faveur de la Révolution. C'est ici, Général, l'occasion plus que jamais, de vous renouveler la recommandation que nous avons déjà faite plus d'une fois : il nous faut revendiquer par les armes ce que nous n'avons pu obtenir par la persuasion.

Le bon droit est de notre côté ; nous avons, pour le soutenir, et la force et les moyens. Soyez calme, mais résolu ; l'heure n'est pas éloignée où, Dieu aidant, nous triompherons des usurpateurs de Port-au-Prince.

Veuillez donner publicité à la présente, et agréez l'assurance de notre parfaite considération.

Le Président du Comité.
HYPPOLITE.

NOTE DE LA DÉLÉGATION[1]

Messieurs les Membres du Comité du Cap-Haïtien.

Les soussignés, Monseigneur Hillion, Archevêque de Port-au-Prince; MM. le Comte de Sesmaisons, Ministre Plénipotentiaire de France en Haïti ; Zohrab, Consul Général d'Angleterre pour Haïti et Santo-Domingo, ont l'honneur de vous informer que, dans un but de conciliation

---

1. Pour donner une idée de l'ingérance de M. de Sesmaisons dans cette guerre, nous publions les deux pièces suivantes extraites du procès de l' « Haytian Républic » :

L'an mil huit cent quatre-vingt-huit et le vingt-quatre octobre à neuf heures et demie.

Par devant nous Justin Devot et Jacques Nicolas Leger, membres du Tribunal des prises, chargés d'instruire l'affaire du steamer « Haytian Republic » assistés de Monsieur Christian Duchatellier,

en dehors de tout parti politique et comme amis sincères du pays, ils se sont rendus au Cap, pour vous proposer les moyens les plus propres à éviter l'effusion du sang.

M. E. Margron, chargé du portefeuille des Relations Ex-

greffier *ad hoc*, a comparu le nommé Solon Ménos, lequel a été interrogé comme suit :

— D. Quels sont vos nom et prénom, lieu de naissance, âge, profession et lieu de domicile ?

— R Je me nomme Solon Ménos, âgé de 30 ans, né à l'Anse-à-Veau, demeurant et domicilié à Port-au-Prince.

— D. Voulez-vous dire ce que vous savez, à propos de l'affaire de « l'Haytian Republic ? »

— R. J'ai entendu Mr. le commandant Gaillard faire la relation de la capture de « l'Haytian Republic ». D'après le récit, voyant « l'Haytian Republic » sur le point de forcer le blocus de Saint-Marc, il s'est empressé de faire la semonce d'usage en tirant un coup de canon à blanc. — Mais malgré cette injonction « l'Haytian Republic » ayant persisté dans l'intention de pénétrer dans le port de Saint-Marc, le commandant Gaillard a déclaré avoir tiré six coups de canon à boulet contre ce navire. — Le blocus n'en fut pas moins violé ; ce qui porta le « Dessalines » à croiser devant le port bloqué pour arrêter au retour le bateau réfractaire.

Le lendemain de grand matin la capture a eu lieu et le commandant du « Dessalines » enjoignit, après les formalités requises pour la visite à « l'Haytian Republic » de se diriger vers Port-au-Prince, déclarant vouloir le convoyer dans sa route pour faire prononcer sur le cas du navire capturé.

Alors, d'un autre côté j'ai appris de sources diverses également autorisées que depuis près d'un mois, « l'Haytian Republic » est au service des insurgés du Nord, faisant le transport de soldats, de volontaires et de munitions de toutes sortes, ayant le caractère de contrebande de guerre.

J'ai eu notamment communication d'une lettre adressée à Monsieur le comte de Sesmaisons par l'agent consulaire de France au Cap Haïtien, constatant que « l'Haytian Republic » a pris à la date du 11 octobre courant deux cent cinquante-six volontaires armés pour les Gonaïves ainsi que quatre-vingts caisses de munitions.

térieures, les accompagne, muni de pleins pouvoirs. Les soussignés, pour assurer le calme et la sécurité des déli-

D. Cette lettre est-elle encore en votre possession ?
R. Oui.
D. Nous désirons en prendre connaissance dans toute son étendue, communiquez-nous la ?
R. Je ne puis le faire qu'en commettant une indiscrétion, car c'est une communication toute personnelle que le comte de Sesmaisons m'en a faite.
D. Une indiscrétion étant permise dans l'intérêt supérieur de la justice, nous persistons dans notre demande.
R. Puisque vous le décidez ainsi, voici la teneur de la lettre ;
Remise étant faite de l'original de la lettre nous en prenons la copie suivante :

AGENCE CONSULAIRE DE FRANCE
CAP-HAITIEN.

Cap-Haïtien, le 13 octobre 1888.

N° 12.

Monsieur le Ministre,

J'ai l'honneur de vous confirmer ma lettre du 10 de ce mois. — Avant hier le vapeur américain « Haytian Republic » a pris ici pour les Gonaïves deux cent-cinquante volontaires, bien armés avec des carabines à répétition ou bien des Remington ; on a aussi embarqué quatre-vingts caisses de munitions à son bord.

Beaucoup de jeunes gens de famille, appartenant aux meilleures familles d'ici, sont partis sur le « Haytian Republic » ou bien par terre avec M. Phénix Durand, chef des volontaires.

Le « Haytian Republic » a débarqué ici une pièce de 6, montée sur affût.

L'Usine Santini répare 300 fusils trouvés à l'arsenal, la plupart des Remington.

Les vapeurs « Haytian Republic », « G W. Clyde, » « Ascania, » ont apporté beaucoup de marchandises, les droits alimentent suffisamment le Comité.

Le vapeur allemand, « Thuringia, » a pris près de 400 sacs de café. Le Général, commandant de l'arrondissement de Fort-Liberté a été remplacé par Codiau Blaise, un ancien chef de Cacos.

Ce matin, on a annoncé que le « Toussaint Louverture, » avait

bérations, vous invitent à vouloir bien venir le plus tôt possible, à bord du croiseur français le *Bisson*, terrain neutre, en vertu des lois internationales. Ils seraient heureux de recevoir une prompte réponse, vu la nécessité pour le bâtiment de quitter le Cap sans délai.

En rade du Cap Haïtien, le 21 novembre 1888.

(Signé) Sesmaisons ; Constant, *Archevêque de Port-au-Prince* ; Jn. Zbhrab ; E. Margron.

Le Comité, fit la réponse suivante :

« Les soussignés ont l'honneur de vous accuser réception de la note par laquelle vous les invitez à vouloir bien venir à bord du croiseur français le *Bisson* pour entendre les propositions que vous comptez leur faire sur les moyens les plus propres à éviter l'effusion du sang dans le pays.

« Les soussignés regrettent que vous n'ayez pas pensé à descendre à terre, où ils vous offrent toute sécurité pour

été à St Marc, où il aurait désarmé les troupes. Le change est simulé à 12 0/0.

Il rentre beaucoup de café, ainsi le « Thuringia » parti hier, a enlevé près de 400 sacs de café, et il y a déjà près de 2000 sacs dans les soutes.

Veuillez agréer, Monsieur le Ministre, mes salutations bien respectueuses.

L'agent consulaire de France.

(Signé.)
L. H. REINE.

Plus n'a été interrogé, et requis de signer avec nous après lecture, il l'a fait.

Signé : Solon MÉNOS.
Justin DÉVOT.
Jacques Nicolas LÉGER.
Christian DUCHATELIER.

vos délibérations ; car, vous le savez, Messieurs, un Corps, composé de tant de Membres que le Comité, éprouve toujours une certaine difficulté à se déplacer, en supposant même que d'autres sentiments des plus respectables ne l'en empêcheraient point.

Le Président du Comité.
HYPPOLITE.

Les membres du Comité : A. Firmin, H. Etienne, J. C. Daniel, N. Pierre-Louis jeune, P. A. Stewart, N. Auguste, Papillon, St-Martin Dupuy, Lecorps fils, St-Firmin Blot, T. Guillaumette, Démosthène Gentil, A. Grimard, A. Duvivier,

La nécessité s'étant fait sentir d'unifier les pouvoirs de la révolution, disséminés entre les différents comités et conseils révolutionnaires, plusieurs constituants avaient voulu, malgré la « Résolution » du 13 novembre, élire le Président de la République par le suffrage des 39 constituants réunis. Le général Hyppolite était naturellement désigné pour cette haute fonction. Les comités révolutionnaires tenaient presque tous à cette élection immédiate qui, si elle eut été faite, mériterait à la Révolution le blâme dont elle accablait à juste titre ses adversaires et la minorité des constituants réunis à la capitale.

Il se trouva heureusement dans l'Assemblée des Gonaïves un petit groupe composé des Firmin, des Stewart, des Ch. Hyppolite etc., qui combattit ce projet. Ce dernier, fils du général Hyppolite, déclara même qu'il se retirerait de l'Assemblée plutôt que de prendre part à l'acte dont il était question.

Divisés d'opinion, les membres du Grand Corps se séparèrent et se rendirent en majeure partie au Cap-Haïtien pour vider la question devant le Comité du Nord, mais surtout pour savoir l'opinion de ce comité et celle du général Hyppolite. Les conférences qui eurent alors lieu, furent très animées [1]. On désespérait de voir les deux camps s'entendre, quand le général Hyppolite qui jusqu'à

[1]. La presse s'empara de la question de nomination du chef de chef de l'Etat, et « La Liberté » exprima ainsi son opinion dans son n° du 21 novembre 1888.

L'UNIFICATION DES POUVOIRS DE LA RÉVOLUTION

Les Constituants des trois Départements convoqués par le décret du 25 octobre du Comité Central Révolutionnaire du Nord, se réunirent aux Gonaïves à la date fixée. Après quelques jours passés dans une inaction complète, mais forcée, ils durent en appeler au Comité pour arriver à une solution énergique et définitive.

On proposa d'abord des moyens les uns plus étranges que les autres, mais tous d'une compromettante plaisanterie.

La semaine dernière, notre ami, M. Anténor Firmin, arrivé ici pour la même question, présenta un projet qui fut accepté. On décida que les Comités de Saint-Marc, de Port-de-Paix et du Cap délégueraient chacun un certain nombre de leurs membres au Comité des Gonaïves, et que les Comités ainsi réunis, nommeraient un Gouvernement provisoire Révolutionnaire. Jeudi soir, 15 courant, une Délégation des Gonaïves, composée de M. Paul-Emile Latortue et M. A. Alexis, arriva avec un nouveau projet tout semblable à un premier élaboré ici une semaine avant, sans une modification importante. Ce dernier projet tend simplement à faire donner de nouveaux pouvoirs aux Constituants par les Comités ; ces pouvoirs ne sont autres que ceux d'autoriser l'Assemblée des Gonaïves d'élire le Chef de l'Etat.

Voilà la grande question, la question vitale de la Révolution. Elle a été posée de part et d'autre d'une façon assez intelligible pour ne permettre aucun malentendu : nomination d'un Gouvernement provisoire Révolutionnaire élu par les Comités réunis; élection du Chef de l'Etat par les Constituants des trois Départements.

La première mesure est rationnelle; issue d'une Révolution,

ce moment, assistait, sans mot dire, aux discussions, fît savoir que jamais il n'acceptera d'être élu que par la ma-
elle est purement révolutionnaire. Loin de nuire à cette Révolution, elle la consolide, d'abord, en confiant ses pouvoirs, ensuite, en prouvant qu'elle ne veut pas se servir de la légalité pour commettre des illégalités. D'ailleurs, il existe un précédent mémorable dans le Gouvernement de 1868-1869 qui siégeait à Saint-Marc. On sait si ce gouvernement révolutionnaire eut raison d'un état de choses autrement constitutionnel.

Mais quelle est la valeur de la seconde mesure proposée tant au Cap qu'aux Gonaïves ? Veut-on faire élire un Chef de la République par une minorité ? ou un Président pour les territoires que représente cette minorité ? Dans le premier cas, on réédite l'acte du 16 octobre que tous blâment avec raison ; dans le second, c'est la scission décrétée, et personne ne veut de la scission.

Par hasard, pense-t-on que ce qui est illégalité d'un côté soit légalité d'un autre côté ? On crie contre la minorité de Port-au-Prince pour avoir méprisé les droits des trois Départements, et on trouverait naturel qu'une minorité lie les volontés d'une autre partie du pays ? Nul homme sensé et de bonne foi n'acceptera la responsabilité d'un tel expédient. Au reste, les Constituants ne peuvent plus revenir sur la majorité des deux tiers qu'ils ont adoptée ; et comme ils ne peuvent avoir cette majorité, le projet en question se trouve frappé de caducité.

Il y a des hommes très intelligents, très avancés, qui supposent qu'un comité révolutionnaire peut à son gré changer les attributions d'une Assemblée constituante existante ; c'est là une erreur assez grave et qui peut avoir des conséquences regrettables.

Par son décret du 25 août, le Gouvernement provisoire, convoquant un pouvoir constituant, pouvait et devait préciser son mandat : ce mandat, le corps une fois constitué, ne peut plus être modifié. La Révolution agissant révolutionnairement, peut dissoudre une Assemblée, en convoquer une autre. Jamais un pouvoir supérieur ou parallèle à un autre n'en reçoit des ordres. Là encore, il existe un droit public. Révolution n'est pas nécessairement anarchie. C'est bien ce qu'a compris le Comité du Cap en s'arrêtant au projet Firmin ; le Comité fait acte de sens politique en refusant de donner tête baissée dans un système hybride, dont

jorité légale. Cette majorité ne pouvant être réunie, il fallut penser à unifier, par d'autres moyens, les pouvoirs épars de la Révolution. Ces moyens déjà proposés par le groupe opposé à l'élection du chef d'Etat par 39 constituants, furent mis en exécution. Deux délégués de chacun des Comités révolutionnaires devaient se réunir aux Gonaïves en Comité Central de la Révolution. Ce Comité avait pour mission de donner une tête au mouvement protestataire, c'est-à-dire, de faire révolutionnairement ce qui, exécuté par une minorité de Constituants, eût été illégal.

La réunion eut immédiatement lieu ; et le 27 novembre, le comité central révolutionnaire faisait publier l'adresse suivante :

LE COMITÉ CENTRAL DE LA RÉVOLUTION

ADRESSE

AU PEUPLE ET A L'ARMÉE

Haïtiens,

La Révolution s'est donnée un pouvoir dirigeant, afin de prendre son essor vers son triomphe définitif qui doit ga-

l'appropriation ne pourrait que nuire à la cause qu'il représente, en la jetant dans la plus profonde déconsidération.

Quant à la dernière mesure qui consiste à faire élire par les Constituants un chef pour les trois Départements, elle a beaucoup de partisans, qui, d'ailleurs, n'y voient qu'un moyen transitoire pour sauver, comme on le dit à Port-au-Prince, *l'unité nationale* et *l'intégrité du territoire*. C'est très bien. Est-ce la scission ? ils répondent ingénument : « Non ! nous ne voulons pas entendre parler de scission. » Voilà des gens qui croient changer tout un ordre de faits, qui croient triompher en supprimant un mot ! C'est absolument de l'enfantillage !

rantir vos droits et rétablir vos institutions sur des bases inébranlables.

Le Général Hippolyte, qui a mis son épée au service de ses concitoyens depuis deux mois comme Général en Chef de notre vaillante armée, a été nommé et acclamé Président provisoire de la République. Quatre ou cinq honorables citoyens choisis par lui, l'aideront comme chargés des départements ministériels dans la tâche difficile que la Révolution réclame de son patriotisme et de son tact politique.

Un Conseil d'Etat composé de quinze citoyens choisis dans toute l'étendue de la République, aidera ce Gouvernement de ses conseils et de ses lumières. Les constituants des trois Départements restent en permanence, jusqu'à ce qu'ayant obtenu la majorité légale, ils puissent remplir leur mandat en modifiant la constitution et en nommant le Président définitif de la République.

Ayant la conscience d'avoir rempli patriotiquement la mission que vous nous avez confiée, nous reprenons notre poste de soldats de la Révolution et de défenseurs du Gouvernement qu'elle vient de se donner.

Haïtiens, et vous surtout concitoyens de l'Ouest et du Sud, rappelez-vous que le bonheur, la prospérité et le progrès de notre pays ne dépendent que de notre union et de notre patriotisme.

Non ! soyez Révolutionnaires, mais soyez francs et avec vous-mêmes et avec les autres. Si vous ne voulez pas du mot, il faut d'abord rejeter la chose.

En résumé, nous adoptons le projet Firmin qui est à notre point de vue le meilleur, pouvant concilier le droit et la Révolution.

J. ADHÉMAR AUGUSTE.

Que la Patrie soit placée au-dessus de toute personnalité et que notre sang ne soit versé que pour elle seule.

Donné aux Gonaïves le 27 novembre 1888, an 85° de l'Indépendance.

(Suivent les signatures.)

Le comité Central envoya en même temps, pour porter au général Hippolyte la nouvelle de son élection comme Président provisoire de la République, une délégation présidée par M. Titus Pélissier, nommé quelques jours après Conseiller aux départements de l'Instruction publique et de la Justice.

LIBERTÉ   ÉGALITÉ   FRATERNITÉ

RÉPUBLIQUE D'HAITI

DÉCRET

LE CONSEIL RÉVOLUTIONNAIRE CENTRAL [1]

Considérant que la retraite du Gouvernement provisoire issu de la Révolution du 5 août, avant la constitution légale

---

1. Biographie du général Hyppolite (Voir la « Foudre » du 13 décembre 1888).

LE GÉNÉRAL F. HYPPOLITE

Réunis aux Gonaïves le 27 novembre dernier, les comités départementaux de la révolution ont proclamé le Général FLORVIL HYPPOLITE PRÉSIDENT PROVISOIRE DE LA RÉPUBLIQUE.

Il est inutile de dire quelle joie cette bonne nouvelle a jeté dans le cœur de tous les vrais patriotes.

Cette joie, cette allégresse indicible est des plus légitimes, car avec ce grand Citoyen dont l'honnêteté et le désintéressement ne

d'un Gouvernement définitif, a fait rentrer le peuple dans le plein exercice de sa souveraineté ;

Considérant que tout en protestant contre l'acte illégal par lequel une minorité de vingt-sept constituants ont délégué le pouvoir exécutif au général F. D. Légitime, les différents Comités révolutionnaires sont restés d'accord sur la nécessité d'organiser définitivement les pouvoirs publics dans le pays ; que pour y parvenir, le Comité révolutionnaire central du Nord, organe autorisé des départements protestataires, a convoqué les constituants de

---

sont plus un doute pour personne, le pays ne pourra que marcher de l'avant, et, par conséquent, prendre son essor vers la civilisation.

Il n'est point nécessaire de faire la biographie du Président, car il y a longtemps qu'il est connu de toute la République. Seulement, pour l'édification de ses détracteurs et de ses envieux, nous devons jeter très succintement un coup d'œil rétrospectif sur sa vie politique.

Il débuta dans la carrière militaire en 1844 comme aide-de-camp de son père, le général Gélin Hyppolite, qui fut alors commandant de l'arrondissement du Cap ; puis il devint, en 1849, aide-de-camp du général Daguindeau avec lequel il fit la marche de l'Est.

Adjoint à l'arrondissement du Cap de 1856 à 1863, il sut se concilier la sympathie de ses supérieurs et l'estime de tous ses concitoyens. — A la prise d'armes de 1865, Salnave le nomma commandant en chef du Fort Belair où il reçut une blessure à l'entrée de l'armée de Geffrard.

Au retour de Salnave en 1867, il fut nommé commandant de l'arrondissement de Port-au-Prince, puis, en 1868-69, passa au Ministère de l'Intérieur et de la police générale, délégué extraordinaire dans le Nord et le Sud. C'est alors qu'il a pu, par sa conduite noble et régulière, s'attirer la considération de tous les honnêtes gens de la Capitale.

Il fut, en 1875, Inspecteur des troupes du département du Nord, puis commandant de l'arrondissement du Cap en 1876. A la révo-

— 87 —

l'Artibonite, du Nord-Ouest et du Nord, de même que ceux du Sud et de l'Ouest, à se réunir aux Gonaïves pour élaborer une constitution et élire le Président de la République, conformément au décret du 24 août 1888 ;

Considérant que les constituants réunis en cette ville des Gonaïves, au nombre de trente-neuf, ont pris la résolution de ne point se constituer, jusqu'à ce qu'ils aient obtenu la majorité des deux tiers des élus, c'est-à-dire 54 sur 81, et se sont déclarés en permanence, espérant que, leurs autres collègues qui se trouvent à Port-au-Prince ou ailleurs, viennent leur apporter l'appoint nécessaire pour leur constitution.

Considérant qu'il importe en attendant d'organiser les pouvoirs révolutionnaires disséminés entre les divers Comités, de manière à créer une autorité provisoire, mais assez forte pour mener à bonne fin l'œuvre inaugurée par les protestataires après les événements du 28 au 29 septembre dernier ;

lution du 4 avril de cette dernière année, il fut proclamé général en chef de l'armée et Président du Comité révolutionnaire, puis, en dernier lieu, Président du gouvernement provisoire.

En 1877, il fut Président du conseil d'Arrondissement du Cap-Haïtien ; en 1879, Président du gouvernement provisoire ; et de 1880 jusqu'à la chute de Salomon, Sénateur de la République.

L'on voit bien que la vie politique du général HYPPOLITE est des mieux remplies et que son honnêteté brille du plus vif éclat ; car, chacun le sait et le constate, il n'a jamais profité de ces fonctions diverses qu'il a remplies, pour se créer une fortune illicite, comme le fait aujourd'hui ce brigand de Légitime dont on vantait l'honorabilité avec tant d'outrecuidance. Aussi est-ce ce désintéressement incontesté qui le rend digne de la confiance que le pays vient de placer en lui. . . . .
. . . .

Décrète ce qui suit :

Art. 1. Il est institué un gouvernement provisoire composé d'un seul membre qui prend le titre de Président provisoire de la République.

Art. 2. Les attributions du Gouvernement provisoire sont :

1° De diriger la marche du service public ;

2° De prendre toutes les mesures propres à faire triompher les justes revendications du peuple et à obtenir une prompte pacification de la République ;

Art. 3. Il est adjoint au Président provisoire de la République quatre ou cinq Conseillers ministres à sa nomination.

Ces conseillers partagent avec lui la responsabilité de ses actes.

Art. 4. Afin de faciliter la tâche du Gouvernement provisoire, il est placé auprès de lui un Conseil d'État composé de quinze membres, lequel sera appelé à donner son avis sur toutes les questions administratives et politiques, sur la demande du Président provisoire de la République.

Art. 5. Les délibérations du Conseil d'État pourront se faire à huis clos, les conseillers choisiront entre eux celui qui doit les présider.

Art. 6. En raison de son honnêteté de son patriotisme et des grands services qu'il a rendus au pays, le Général Hippolyte est nommé Président provisoire de la République.

Art. 7. Sont nommés conseillers d'État, les citoyens Ménard, Samson, D. Jean Joseph, St. M. Dupuy, Saint Cap Louis Blot, St.-Louis Alexandre, Lanoue Sterling,

Dorvelas Dorval, Guibert, D. Serre, N. Pierre Louis aîné, Guerrier Théophile, B. Rivière, C. Kerlegrand, T. Chalviré.

Art. 8. En cas de mort, démission ou autre cause légitime d'empêchement d'un conseiller d'État, il sera procédé à son remplacement par le Conseil d'État compétemment réuni.

Art. 9. D'ici à l'installation d'un Gouvernement définitif, le Président provisoire recevra du trésor public une indemnité de *Mille gourdes* par mois.

Les conseillers-ministres recevront chacun une indemnité mensuelle de *quatre cents gourdes*.

Les conseillers d'État recevront chacun une indemnité mensuelle de *cent-cinquante gourdes*.

Art. 10. Dès la publication du présent décret, qui sera exécuté à la diligence du général en chef de la Révolution, tous les comités ou conseils révolutionnaires sont et demeurent dissous.

Donné à l'hôtel du comité révolutionnaire central, siégeant aux Gonaïves, ce 27 novembre 1888, an 85e de l'Indépendance.

Signé : J. B. Richard, M. Alexis fils, A. Dupiton, A. Firmin, Barbot, D. Narcisse, G. Théophile, P. E. Latortue, Stewart, A. H. Maurepas, J. Lecorps fils, D. Obas, Guibert, Titus Pélissier, St. M. Dupuy, L. Tiphaine.

Le Président, A. M. ALEXIS.

LIBERTÉ   ÉGALITÉ   FRATERNITÉ

RÉPUBLIQUE D'HAITI

DÉCRET

LE COMITÉ CENTRAL RÉVOLUTIONNAIRE

Considérant que le décret du comité central révolutionnaire siégeant à Port-au-Prince, rendu le 24 août 1888, en fixant l'indemnité de chaque constituant pour toute la durée de la Session, n'a point prévu le cas où les constituants réunis se seraient trouvés dans l'impossibilité de procéder immédiatement à l'élaboration de la Constitution et à l'élection du Président de la République ;

Considérant que les constituants présents aux Gonaïves, dans la réunion du 12 de ce mois, ont résolu de rester en permanence, jusqu'à ce qu'ils puissent obtenir la majorité des deux tiers nécessaire pour leur constitution, et qu'il importe de fixer les indemnités qu'ils doivent percevoir durant le temps qu'ils mettront à attendre leurs collègues qui se trouvent à Port-au-Prince ou ailleurs,

Décrète ce qui suit :

Article unique : Chaque constituant présent aux Gonaïves recevra du trésor public une indemnité mensuelle de *Cent gourdes*, en attendant que l'Assemblée Nationale Constituante ait la majorité voulue pour commencer ses travaux.

Donné en l'hôtel du comité révolutionnaire central, siégeant aux Gonaïves, le 27 novembre 1888, an 85e de l'Indépendance.

(Signé) J. B. Richard, M. Alexis fils, A. Dupiton, A. Firmin, Barbot, Guibert, D. Obas, A. H. Maurepas, J. Lecorps fils, Stewart, P. E. Latortue, S. Tiphaine, D. V. Narcisse, D. G. Théophile, Titus Pélissier, St.- M. Dupuy et A. M. Alexis, président.

GOUVERNEMENT PROVISOIRE

LIBERTÉ,   ÉGALITÉ,   FRATERNITÉ,

RÉPUBLIQUE D'HAITI

HYPPOLITE
Président provisoire de la République

PROCLAMATION

AU PEUPLE ET A L'ARMÉE

Haitiens !

En me démettant de la charge de membre du Gouvernement provisoire issu de la Révolution du 5 août, je comptais m'éloigner du pays, afin de m'écarter de toute solidarité dans les actes qui devaient suivre infailliblement la nuit du 28 au 29 septembre. C'est au dernier moment que j'appris la protestation simultanée des trois Départements du Nord, du Nord-Ouest et de l'Artibonite contre l'attentat inique auquel nous devons la mort du très regretté général Séide Thélémaque. Mon devoir fut alors tout tracé : je résolus de me transporter en cette ville du Cap, où battent à l'unisson tant de nobles et braves cœurs.

Lorsque je pris cette résolution, je n'aspirais à aucun rôle autre que celui d'un citoyen de bonne volonté, donnant son concours là où il peut être utile. Cependant depuis les Gonaïves, j'ai été accueilli avec des manifestations enthousiastes et acclamé comme le chef de la Révolution. Arrivé ici, j'ai trouvé le même accueil, la même ovation. Les citoyens les plus remarquables, à quelque rang qu'ils appartiennent, sont venus à moi, comme à l'homme impatiemment attendu pour donner à la protestation populaire une forme sérieuse, une organisation solide.

Déjà le Département du Nord-Ouest s'était prononcé dans le même sens.

Malgré ma réserve ordinaire, j'ai senti que je n'avais pas le droit de me dérober à la volonté si spontanément manifestée par mes concitoyens, et j'acceptai le poste honorable et périlleux qui m'était ainsi offert.

L'horizon était bien sombre ; c'était le désarroi et la confusion : néanmoins, l'unanimité de la sincérité des sentiments qui éclataient au sein des populations départementales ne me permettaient pas de rester indifférent. L'ensemble et la spontanéité des manifestations montraient évidemment et à travers même la vivacité de formes qu'il y avait là une idée des plus respectables. C'est ce qui me détermina surtout à ne point abandonner mes compatriotes dans une situation aussi délicate.

Haïtiens !

Par son décret du 27 novembre dernier, le Conseil Révolutionnaire Central, siégeant aux Gonaïves, m'a honoré du titre de Président provisoire de la République. C'est une nouvelle situation que j'accepte comme une charge imposée à mon patriotisme, et dans le but de ne point faillir à mon devoir.

Ce devoir qui m'est dicté par ma conscience de citoyen, je promets d'en continuer l'accomplissement jusqu'au bout, c'est-à-dire de diriger les opérations politiques et militaires des départements protestataires avec fermeté, avec loyauté et toujours en vue du bien général de la Nation.

J'agirai de manière à obtenir, avec la fin précipitée de la guerre civile, la reconnaissance des droits que nous défendons, par des conditions sérieuses de sécurité et la garantie d'une élection libre, régulière et légale du Président de la République, après le vote d'une constitution sincèrement démocratique ; en un mot, mon but sera d'obtenir la conservation de l'unité nationale qui doit faire le bonheur commun du peuple haïtien, en donnant à la République la force et la dignité au dehors, la paix et l'harmonie au dedans.

HAITIENS!

Après avoir répondu ainsi à la voix de mes concitoyens, j'invoque à mon tour le patriotisme et la bonne volonté de chacun ; je fais un appel au courage calme, mais ferme de tous ceux qui me demandent encore aujourd'hui de diriger la défense de leurs droits et de leur honneur politique ; je m'adresse aux sentiments de fraternité et de solidarité nationales qui existent certainement entre tous les départements de la République, et qui nous imposent une commune destinée sous les auspices de la concorde et de la justice.

Je ne suis pas un homme de parti.

L'esprit de localité qui a son côté respectable, n'a jamais germé en moi au point de m'inspirer un particularisme égoïste, funeste, de nature à entraîner la désagrégation nationale. Je fais donc le même appel aux bonnes dispositions des citoyens de tous les points du territoire, convaincu qu'il s'en trouve beaucoup du Port-au-Prince aux Cayes, qui sympathisent à notre cause et partagent nos sentiments. Je fais appel enfin à l'intérêt bien entendu de tous ceux qui portent le nom d'haïtien, de tous ceux qui chérissent la qualité de citoyen libre. Il s'agit du salut de la Patrie.

Pour moi, me confiant d'ailleurs dans la justice de notre cause, je tiendrai haut et ferme l'épée, en restant toujours sous la garde du Dieu juste et tout puissant, qui conquiert les cœurs et décide de la victoire.

    Vive la Liberté !
    Vive l'Ordre !
    Vive Haïti une et indivisible !

Donné au Cap-Haïtien, le 1er décembre 1888, an 85e de l'Indépendance.

              Hyppolite.

LIBERTÉ   ÉGALITÉ   FRATERNITÉ

RÉPUBLIQUE D'HAITI

ARRÊTÉ

HYPPOLITE

Président provisoire de la République

Vu l'article du 3 du décret du Conseil révolutionnaire central, siégeant aux Gonaïves, en date du 27 novembre 1888 ;

Considérant qu'il est urgent de nommer les conseillers ministres institués par le Comité aux termes de cet article ;

Arrête :

Art. 1. Sont nommés conseillers du Gouvernement provisoire pour partager avec le Président provisoire de la République la responsabilité de ses actes :

1° Le citoyen A. Firmin, chargé spécialement de la direction du service des départements des Finances, du Commerce et des Relations Extérieures.

2° Le général Mompoint jeune, chargé spécialement de la direction du service des départements de la Guerre et de la Marine ;

3° Le général N. Bottex, chargé spécialement de la direction du service du département de l'Intérieur.

4° Le citoyen A. William, chargé spécialement de la direction du service des départements de l'Agriculture et des Cultes.

5° Le citoyen Titus Pélissier, chargé spécialement de la direction du service des départements de la Justice et de l'Instruction publique.

Article 2. Ces conseillers, chacun en ce qui le concerne, contresignent tous les actes du Gouvernement provisoire.

Article 3. Vu l'absence des conseillers A. William et Mompoint jeune, les conseillers A. Firmin et N. Bottex sont chargés l'un de l'Agriculture et des Cultes, l'autre de la Guerre et de la Marine, en attendant que les titulaires prennent la direction de leurs différents services.

Article 4. Le présent décret sera publié et exécuté à la diligence du Conseiller au département de l'Intérieur.

Donné au Cap-Haïtien, le 1ᵉʳ décembre 1888, an 85ᵉ de l'Indépendance.

HYPPOLITE.

PROCLAMATION [1]

HYPPOLITE

Président provisoire de la République.

Citoyens et soldats !

Depuis quatre vingt-six ans, nous nous réunissons régulièrement, chaque premier de l'an, autour de l'arbre de la liberté, afin de commémorer l'heureux anniversaire du notre Indépendance. C'est un culte pieux rendu à nos pères, les illustres et magnanimes héros de 1804, et jamais célébration n'a été plus propre à raviver notre pa-

---

1. Le 16 décembre 1888, par les manœuvres qu'on verra dans

triotisme, à relever notre caractère. Aujourd'hui, le soleil de 1889 semble donner un nouvel éclat à cette solennité.

la circulaire suivante, M. Légitime était nommé Président d'Haïti.

CIRCULAIRE

Cap-Haïtien, le 5 janvier 1889, an 86ᵉ de l'Indépendance.

LE CONSEILLER

Chargé du Département des Relations Extérieures

Aux

Membres du corps consulaire et Diplomatique.

Monsieur le consul,

Il est parvenu à la connaissance du Gouvernement provisoire que, par un prétendu décret en date du 16 décembre dernier, les constituants du Sud et de l'Ouest réunis à Port-au-Prince, au nombre de 44, ont nommé le général Légitime président d'Haïti, sans se préoccuper de l'absence des constituants du Nord, de l'Artibonite et du Nord-Ouest.

Comme cet acte audacieux n'a été fait que pour donner le change à l'Étranger, en faisant accroire que M. le général Légitime a été constitutionnellement élu à la première magistrature de la République, il importe de bien renseigner votre Gouvernement sur sa portée.

La première question est de se demander si 44 constituants, ne formant pas la majorité des deux tiers consacrée par nos principes constitutionnels et par les précédents les plus immédiats dans notre histoire parlementaire, avaient le droit de délibérer sur une matière aussi importante que celle de donner une Constitution et un chef d'Etat à la République.

Mais non-seulement les 44 constituants n'avaient pas la compétence numérique nécessaire pour agir comme ils l'ont fait, il y a encore dans leur composition même un vice politique et légal, qui doit rendre leur décret caduc et ineffectif, eu égard au moins aux trois départements du Nord, de l'Artibonite et du Nord-Ouest.

Tout d'abord, il faut faire observer aux Gouvernements étrangers que les constituants réunis à Port-au-Prince au nombre de trente deux (y compris un faussaire qui n'est revêtu d'aucun pou-

En effet, si nous avons quatre-vingt-six ans d'existence nationale, le monde moderne compte un siècle depuis

voir) sur quatre-vingt-un élus, ont, malgré leur minorité, délégué le pouvoir exécutif au général Légitime, en usurpant eux-mêmes le titre d'*assemblée constituante*. Les trois départements susnommés et l'arrondissement de Jacmel ne manquèrent pas de protester contre ce décret, qui a été rendu le 16 octobre 1888. C'est dans cet état de flagrante illégalité que le général Légitime, en violation du droit international et du traité signé entre Haïti et les Etats-Unis d'Amérique, le 3 novembre 1864, fit capturer le « Haytian Republic » navire américain, dans l'unique but de s'emparer de quatre constituants protestataires qui se trouvaient à son bord. Un jugement inqualifiable, rendu par des juges improvisés pour la cause, déclara la prise valable (!) et le général Légitime, maître de ces quatre constituants, les porta à siéger parmi ceux qui lui avaient délégué le pouvoir. Cette augmentation opérée par suite d'une violation intentionnelle du droit international et d'un traité existant, ne peut jamais servir à légaliser la position du général Légitime ; car la morale ni le droit commun ne permettent à personne de tirer profit de son propre délit.

Mais, pour avoir les 45 constituants qui ont signé le soi-disant décret du 16 décembre dernier, le général Légitime et la fausse assemblée constituante de Port-au-Prince ont dû commettre une autre illégalité. Encore qu'ils n'eussent pour cela aucune qualité, ils ont convoqué plusieurs assemblées primaires dans des communes du Sud ou de l'Ouest, où il n'y avait pas de constituants élus et y ont fait nommer leurs créatures, en dehors de toutes les garanties de la liberté des élections. Des constituants ainsi nommés peuvent-ils avoir aucun caractère légal ?... Encore que le droit international ne permette point aux Gouvernements étrangers de juger un tel cas, il leur reste le droit d'appréciation ; ils s'apercevront facilement que le décret du 16 décembre, qui nomme le général Légitime président d'Haïti, ne vaut pas mieux que le décret du 16 octobre qui l'avait nommé chef du Pouvoir exécutif.

Cependant un fait d'une plus haute importance doit encore être noté, à propos de l'acte du 16 décembre. Les 44 constituants qui ont signé cet acte représentent les deux départements de l'Ouest et

l'ère de justice, de raison et de liberté ouverte par la grande et immortelle Révolution française.

du Sud et non les trois départements du Nord, de l'Artibonite et du Nord-Ouest, sauf le constituant J. B. N. Tassy, pris à bord du « Haytian Republic » et le constituant Michel Sylvain, contre lequel la population de Port-de-Paix a protesté. Un tel fait a une signification trop claire pour qu'on se donne la peine de l'interpréter : le général Légitime n'est nommé que par les départements de l'Ouest et du Sud ; il ne saurait avoir d'autorité de *fait* que sur ces deux départements, sans qu'il puisse avoir une autorité *de droit* sur aucun point de la République.

Le gouvernement provisoire, en protestant contre le décret du 16 décembre, qui est en réalité un acte de *scission*, vous prie de transmettre les présents renseignements à votre Gouvernement afin de le mettre en garde contre toute surprise qu'on pourrait tenter de lui faire, à l'aide de ce prétendu décret.

Je saisis l'occasion, Monsieur le Consul, pour vous renouveler l'assurance de ma considération très distinguée.

A. FIRMIN.

Pour appuyer une note précédente concernant la conduite de M. de Sesmaisons durant la Révolution, nous publions ci-après quatre lettres que nous extrayons du Bulletin Officiel du 5 janvier 89, n° 2.

(Correspondance des généraux Mathieu, Guillet, Nemours, O. Louis ainé et de M. L. Huttinot.

CORRESPONDANCE

Môle St-Nicolas, 22 décembre 1888.

M. le général Mathieu Guillet, commandant de l'arrondissement du Môle St-Nicolas.

Monsieur le Général,

Délégué spécial par Monsieur le Ministre de la République française en Haïti, afin de venir au Môle rechercher le chaloupe de la Compagnie générale française Transatlantique qui se trouvait sur la côte depuis plus de dix jours en avaries par suite de la rupture de son arbre de couche ; en arrivant en votre port, je me suis vu reçu au milieu d'une manifestation hostile des habitants.

Revêtu d'une mission officielle, monté à bord d'un bateau loué à

Dessalines et Pétion, en concourant à nous rendre indépendants de la France, ont été inspirés par le génie de

cet effet par la Légation de France, je suis très étonné, Monsieur le général, de trouver un pareil accueil contraire au droit des gens et au respect dû au pavillon d'une nation amie. — Vous me retenez aussi jusqu'à nouvel ordre. —

Je viens donc protester de la façon la plus énergique contre le retard que vous mettez à l'accomplissement de ma mission, en me retenant au Môle, et fais aussi toutes réserves que de droit, laissant la responsabilité d'un pareil acte à ceux qui veulent en prendre la charge.

J'ai donc l'honneur de protester. au nom du Ministre de France, contre le retard, vous prévenant que demain matin à huit heures, je lèverai l'ancre pour retourner à Port-au-Prince.

Je ne saurais trop vous prévenir, Monsieur le général, que le navire et son équipage sont sous la protection du pavillon français comme le passe-port diplomatique l'indique.

Veuillez agréer, M. le général, les assurances de ma haute considération.

Le chancelier de la Légation de France, délégué de M. le Ministre de France.

LEON HUTTINOT.

LIBERTÉ   EGALITE   FRATERNITÉ
RÉPUBLIQUE D'HAITI

N° 193

Môle St-Nicolas, le 23 décembre 1888, an 85° de l'Indépendance.

M. GUILLET, général de division, commandant provisoire de cet arrondissement et le général NEMOURS Pre.-LOUIS aîné, Conseiller d'Etat, délégué du Président provisoire.

A

Monsieur LÉON HUTTINOT, Chancelier de la légation de France, en cette ville.

Monsieur le Chancelier,

Nous nous empressons de vous accuser réception de votre lettre

notre race, cherchant à se frayer une voie pour opérer la régénération des noirs. Leur œuvre paralysée, ralentie par nos fautes politiques, s'est maintenue malgré tout : Haïti

portant la date d'hier, que nous venons de recevoir. Vous nous dites, Monsieur le Chancelier, qu'arrivé en cette ville, délégué par le Ministre de France, pour rechercher la chaloupe de la compagnie transatlantique en avaries sur la côte, vous avez été reçu avec des manifestations hostiles de la part des habitants. Si les habitants de cette place ont fait certaines manifestations, ce n'est pas contre vous, Monsieur le Chancelier, mais bien contre Monsieur Légitime. Vous conviendrez sûrement avec nous que vous avez reçu de la part de l'autorité l'accueil le plus cordial. D'autre part, notre pays étant en bonnes relations avec la France, nous ne sachons pas que l'on puisse être hostile à un citoyen français revêtu, comme vous, d'un caractère officiel. Après l'entretien que nous avons eu hier avec vous, M. le Chancelier, nous pensons qu'il vous a plu de passer quelques heures en ce port, puisque tout était convenu entre nous. Vous pouvez partir quand vous le voudrez.

Agréez, Monsieur le Chancelier, l'assurance de notre haute considération.

(Signé) M. GUILLET.

NEMOURS Pre. LOUIS aîné.

LIBERTÉ ÉGALITÉ FRATERNITÉ
RÉPUBLIQUE D'HAITI.

No. 38. Môle St-Nicolas, le 22 Décembre 1888.

MATHIEU GUILLET.

Général de division, Commandant provisoire de cet arrondissement.

Au Président provisoire de la République, Cap-Haïtien.

Président,

Le petit remorqueur français le « Rosa » venant de Port-au-Prince n'a pas pu, par le dérangement de sa machine, arriver ici

aime et admire la France ; mais elle repousse, de loin comme de près, la domination française qui ne lui rappelle que trop ses humiliations passées.

où il allait se rendre pour télégraphier, et a dû relacher à la Plateforme où il avait pris mouillage.

D'après le rapport que m'a fait le commandant de la commune de Bombardopolis, je lui ai donné ordre d'inviter l'équipage de ce remorqueur à louer un canot pour se rendre ici. Cet ordre a été transmis au commandant Phaëton Bien-aimé, chef du littoral de la Plate-forme et loin de l'exécuter, ce commandant a loué un cheval à Mr. Walter qui était porteur des dépêches télégraphiques et l'a fait conduire ici par terre par son fils en prenant un chemin détourné, et Mr. Walter, à mon grand étonnement, s'est présenté à moi avec ses paquets et son passe-port délivré par Monsieur de Sesmaisons.

En conséquence, le commandant Phaëton a été arrêté et déposé en prison et j'attends, Président, vos instructions à son égard pour avoir facilité le capitaine de ladite chaloupe, contrairement à l'ordre reçu de ne pas lui permettre de passer par terre pour ici.

J'ai l'honneur d'être, Président, votre respectueux serviteur.

M. GUILLET.

Môle St.-Nicolas le 23 décembre 1888.

Le Délégué du Président provisoire de la République dans l'arrondissent du Môle.

Au Président provisoire de la République.   Cap-Haïtien.

Président,

Hier, 22 du courant, vers les trois heures de l'après-midi, le bateau haïtien « Grande-Rivière » de la ligne B. Rivière, portant un pavillon blanc et deux pavillons français, à l'avant et à l'arrière, est entré en ce port et a pris mouillage. Le Commdt. provisoire de cet arrondissement ordonna immédiatement une visite à bord de ce steamer, après laquelle il fut constaté qu'il n'est pas armé.

Mr. Léon Huttinot, Chancelier de la légation française, qui se trouvait à bord, descendit et soumit à l'autorité son passe-port émané du Comte de Sesmaisons. Il est dit que Mr. L. Huttinot est délégué spécialement par le Ministre de France pour se mettre

Un tel fait est digne d'être buriné dans les grandes pages de l'histoire. Tous nos efforts nationaux ont eu pour but de l'affirmer de plus en plus ; car il suffit pour nous mériter l'estime et l'admiration des peuples qui nous regardent. Il est vrai que l'état actuel de la République est

à la recherche de la chaloupe à vapeur de la Compagnie transatlantique en avaries sur les côtes du Môle, à bord du bateau haïtien la « Grande-Rivière », loué à cet effet par la légation française.

Ayant été, pour cause de santé, absent de cette ville depuis quelques jours, je suis ici ce matin, après la lettre que m'a écrite le gal. Commdt. provisoire de cet arrondissement, m'appelant en toute hâte. J'ai trouvé la population dans une exaspération qu'il m'est impossible de décrire, vociférant contre Légitime et ses suppôts et demandant que le navire soit capturé.

Je n'ai pas, Président, la prétention de me croire infaillible dans mes appréciations, tant s'en faut ; mais je pense fortement que c'est un tour que voulait nous jouer le Comte de Sesmaisons, en nous faisant décharger nos canons sur le pavillon français, sans aucun profit pour nous, qu'un conflit avec la France. D'autre part, ce petit steamer, monté comme il a été constaté presque par des étrangers, ne nous pourrait être d'aucune utilité et serait même un embarras pour nous.

Certainement si c'était le Toussaint ou le Belize, ou le Dessalines, nous n'aurions pas manqué de les couler ou de les capturer.

Nous avons décidé de laisser partir le navire, convaincus que nous sommes que nous aurons, Président, la haute approbation de votre Gouvernement.

Je n'ai pas manqué de dire au Chancelier combien les procédés de Mr. Sesmaisons étaient déloyaux et passionnés, à quoi il a osé répondre que ce personnage travaille à l'unité nationale..... Il est des cas où il faut dévorer son indignation.

J'ai l'honneur, Président, de vous saluer avec respect.

(Signé) NEMOURS PRE-LOUIS aîné.

Nous transcrivons aussi dans le même but, dans l'annexe (note C) un article de « La Patrie » du 16 mars 1889, touchant la mission du » Kerguelin aux Gonaïves.

de nature à ébranler notre foi et à démentir nos plus chères aspirations, mais il n'y a aucun motif de nous abattre. Au contraire. Si nous sommes en ce moment divisés ; si des fils dénaturés ont méconnu la voix de la patrie, pour n'écouter que leurs passions et leurs ambitions, en allumant la guerre civile dans le pays, l'attitude des trois départements, qui résistent avec tant d'héroïque fermeté à l'usurpation de Port-au-Prince, est la preuve qu'il reste encore en Haïti assez de moralité politique pour garantir notre évolution nationale vers une civilisation sérieuse.

Pour triompher de notre vaillante résistance, nos adversaires n'ont point reculé devant les actes les plus odieux ; ils ne respectent ni les principes de notre droit interne, ni les règles du droit international, ni les lois de la guerre observées parmi toutes les nations civilisées. Eh bien, chaque illégalité qu'ils commettent, dans la folle idée de consolider leur fausse position, ne fait que les engager davantage dans la voie qui doit infailliblement les perdre.

Leur dernière folie a été de faire une constitution et de nommer un chef définitif, sans la participation des constituants élus dans les trois départements du Nord, de l'Artibonite et du Nord-Ouest. Ils ont voulu prouver qu'ils entendent agir sans nous, en brisant moralement le lien national qui nous a réuni jusqu'ici à nos frères du Sud et de l'Ouest : à eux donc la responsabilité de cet acte *scissionnaire*, qui jette la plus grande perturbation dans la politique haïtienne !

Au nom des trois départements, je proteste contre un tel acte, tout en laissant les généreuses populations du

Sud et de l'Ouest juges de son opportunité. Elles diront par leur conduite si elles pensent que la scission soit pour elles une source de bonheur et de félicité publique. Mais notre réunion ici, les sentiments de solidarité dont nous sommes inspirés seront toujours une protestation éloquente contre ceux qui osent ainsi attaquer l'œuvre glorieuse de nos pères.

Il nous faut Haïti libre, une et indivisible. Aussi, lorsque nos adversaires de Port-au-Prince se couvrent de la protection de l'étranger, dans l'espoir de vaincre nos patriotiques efforts ou pour rompre le faisceau national ; lorsqu'ils travaillent à nous remettre dans les mains dont nos pères nous ont tirés, au prix de tant de sang et de pénibles labeurs, il nous faut plus que jamais nous presser autour de cet arbre de la liberté, symbole poétique de notre fierté et de notre indépendance.

Jurons donc, Concitoyens, que nous n'accepterons jamais qu'un pavillon étranger remplace le pavillon haïtien, comme le veulent Mr. Légitime et ses affidés afin d'assouvir leurs viles ambitions.

   Vive l'Indépendance !
   Vivent les libertés publiques !
   Vive l'Ordre !
   Vive l'Union !

Donné au Cap-Haïtien, le 1ᵉʳ janvier 1889, an 85ᵉ de l'Indépendance.

          HYPPOLITE

Le 11 janvier, le Président provisoire dût laisser le Cap-Haïtien pour aller en personne diriger les opérations militaires, dans les arrondissements de Fort-Liberté et du Trou.

L'ennemi, maître de Hinche, de Mamon, de Cerca, de Vallière etc., marchait contre le bourg du Trou, déjà presque désert. Le général Hyppolite en organisa la défense, et se rendit ensuite au Fort-Liberté, puis de là à Ouanaminthe. C'est en ce lieu que vinrent le rencontrer les généraux Nord Alexis et Turenne Jean Gilles qui, échappés des consulats de Port-au-Prince où ils étaient enfermés depuis le 29 septembre, et débarqués à *Fortun Island*, rentraient dans le Nord, par la Dominicaine.

L'arrivée de ces braves officiers était une nouvelle chance de succès pour la Révolution. Ceux-là que les désastres des jours derniers avaient abattus, découragés, reprirent leurs espérances. Nous verrons dans la suite quelle glorieuse part ces généraux ont eue dans le triomphe de la cause du Nord. Le général Nord Alexis justifia son ancienne renommée de bravoure, et le général Turenne Jean Gilles ajouta à ses titres de gloire, celui de « *Défenseur du Trou.* »

Retourné au Fort-Liberté où il avait l'idée d'établir son quartier-général, le général Hyppolite apprit la réaction du Mont-Organisé et les projets de l'ennemi sur les bourgs des Perches, de l'Acul-Samedi et de Ouanaminthe. Le 23 janvier il se rendit en ce dernier endroit qui lui servit de résidence jusqu'au 29 mai suivant. C'est donc de Ouanaminthe, déjà célèbre par le séjour de Salnave, que le Président provisoire dirigea la Révolution, ayant avec lui les volontaires et le corps de police du Cap-Haïtien, et quelques troupes ambulantes qui portaient secours, tantôt à la Savanne-Bergaine, aux Perches, tantôt à la Ravine-Baptiste, tantôt au Trou[1].

Dans ce camp qui n'avait d'attrayant que la rivière de Massacre et la musique des balles, le Président Hyppolite n'avait pour toute compagnie intime que M. Stewart, son chef de Cabinet, ses employés : M. L. A. Gauthier, T. Leconte, Férère, Duvivier et Mathon, et Messieurs A. Durosier et F. Denis à qui il confiait toutes ses missions les plus importantes.

C'est à Ouanaminthe que furent donc rédigés tous les actes qui vont suivre, du 23 janvier au 29 mai 1889.

LIBERTÉ   ÉGALITÉ   FRATERNITÉ

RÉPUBLIQUE D'HAITI

ARRÊTÉ

HYPPOLITE

Président provisoire de la République.

Vu l'article 4 du Décret portant création du Conseil d'Etat.

---

[1]. C'est à 81 hommes de cette garnison de Ouanaminthe que le Trou dût de n'avoir pas été envahi à la première attaque dirigée contre ce bourg.
Ces valeureux jeunes gens du Cap, du Fort Liberté du Himbe et de la Grande Rivière du Nord qui repoussèrent dans l'espace de cinq mois 7 attaques acharnées, avaient à leur tête un jeune officier, le général Nelson d'Ennery. En les expédiant au Trou, position ouverte et privée de toute garnison, le général Hyppolite leur dit :
« Mes enfants, je n'ai rien à vous cacher, je ne vous envoie pas

Considérant qu'il importe de consulter ce corps sur des questions importantes, réclamant une solution immédiate.

Arrête ce qui suit :

Art. 1er. Le Conseil d'Etat est convoqué pour le premier mars prochain. La réunion aura lieu dans la ville du Cap-Haïtien.

Art. 2. Le présent Arrêté sera publié, imprimé et exécuté à la diligence des Conseillers, chargés spécialement des Départements de l'Intérieur et des Finances.

Donné à Ouanaminthe, le 18 février 1889, an 86° de l'Indépendance.

HYPPOLITE

Par le Président provisoire de la République :
Le Conseiller intérimaire au Département de l'Intérieur,
TITUS PELISSIER.

Le Conseiller au Département des Finances,
A. FIRMIN.

LIBERTÉ   ÉGALITÉ   FRATERNITÉ

RÉPUBLIQUE D'HAITI

DÉCRET

LE GOUVERNEMENT PROVISOIRE

Considérant que la rareté du numéraire causée par la

» vous coucher sur des roses, je vous envoie vous battre. En me sé-
» parant de vous, je fais un grand sacrifice ; mais il le faut. Je n'ai
» rien à vous donner, mais je vous donne ma bénédiction »... et en disant ces mots, ils versait des larmes. Ces jeunes gens partirent, électrisés par ces paroles, et se couvrirent de gloire.

rupture subite de nos relations avec Port-au-Prince, juste au moment où toutes les encaisses étaient relativement faibles, est de nature à paralyser les affaires et à créer une gêne nuisible à la marche de la chose publique.

Considérant que le pouvoir usurpateur issu du décret illégal du 16 octobre 1888, avec la complaisance de la Banque nationale d'Haïti, a mis en circulation quatre cent cinquante mille gourdes de billets non signés à la chute du Gouvernement du général Salomon, et a remis en circulation tous les billets qui se trouvaient dans les caisses de ladite Banque pour être brûlés conformément à la loi du 5 novembre 1887; que toutes ces valeurs illégalement lancées dans la circulation monétaire, favorisent spécialement l'usurpation de Port-au-Prince, en lui créant des ressources dont il abuse pour continuer une lutte insensée contre les trois départements protestataires dont les revendications sont aussi justes que modérées.

Vu les articles 2 et 4 du décret du 27 novembre 1888,

De l'avis du Conseil d'Etat.

Décrète ce qui suit :

Art. 1er. Une émission de *Deux millions* en billets de *une gourde* et de *deux gourdes* sera effectuée dans le but de *faciliter* les échanges, de retirer les anciens *types* en circulation et de subvenir aux besoins pressants du Gouvernement provisoire.

Art. 2. Ces billets auront cours légal dans toute l'étendue de la République pour leur valeur respective.

Ils seront retirés de la circulation au moyen des 20 0/0 de surtaxe à l'exportation, lesquels continueront à être payés en or et formeront une caisse spéciale destinée au retrait de la sus-dite émission.

Art. 3. Un syndicat composé de commerçants haïtiens et étrangers sera préposé au contrôle de l'émission et des opérations de la caisse du retrait.

Art. 4. Chaque billet portera la signature d'un délégué des finances, d'un membre du syndicat et d'un Conseiller d'Etat.

Les délégués des finances sont :

MM. Anselin, Darbelle Duvivier, Lecorps fils, Just Étienne, Alexandre Salomon, B. Jean-Bernard, Jh. F. Dubois, Carmélius Arty.

Les Membres du syndicat sont :

H. Étienne, Ed. Kampmann, J. R. Blain, Albert Élie, Pasquis, A. Gaspard, M. Gautier, C. Czaykowski.

Le Conseil d'Etat choisira huit de ses membres pour contrôler l'émission et signer les billets.

Art. 5. Pour payer les frais de l'émission, de la signature des billets et des autres opérations, il sera prélevé 7 0/0 des valeurs émises en vertu de l'article 1er du présent décret.

Art. 6. Tous les six mois, l'encaisse des valeurs effectuées pour le retrait sera vérifiée et arrêtée par une commission composée de deux membres du Syndicat, deux délégués des finances et deux Conseillers d'Etat, assistés du doyen du tribunal civil et du commissaire du Gouvernement.

Cette opération faite, les détenteurs des billets seront avertis de la somme disponible pour le retrait du semestre, avec invitation à déposer, dans un délai de quinze jours et contre un récépissé du Syndicat, les valeurs qu'ils pourront avoir. Dans les lieux éloignés du siège du Syndicat, ces valeurs seront déposées entre les mains de l'Administrateur des finances dont les récépissés auront la même valeur que ceux du syndicat.

Si, à l'expiration du délai, les valeurs déposées sont inférieures à l'encaisse effectuée ou l'égalent, elles seront purement et simplement échangées. Dans le cas qu'elles surpassent ladite encaisse, le retrait sera opéré au prorata des sommes déposées.

Art. 7. Cinq jours, au plus tard, après l'expiration du délai, les valeurs non échangées doivent être retournées à leurs dépositaires respectifs.

Art. 8. Les récépissés du Syndicat ou de l'Administrateur des finances, dans les lieux éloignés du siège du syndicat, seront reçus en paiement de tous les droits de douane payables en billets de caisse.

Art. 9. Deux mois après la publication du présent décret, les anciens types de billets actuellement en circulation, provenant des émissions de 1884 et 1887 cesseront d'avoir cours dans toute l'étendue de la République.

Art. 10. Une Commission composée de cinq membres, dont un président et un comptable, à la nomination du Président provisoire de la République, sera instituée dans chaque arrondissement financier pour opérer le retrait immédiat de ces anciens types.

Art. 11. Les indemnités des membres des commissions du retrait et des compteurs, ainsi que le nombre de ces derniers, seront fixées ultérieurement par un arrêté du Président provisoire de la République.

Art. 12. La commission du retrait de l'arrondissement

du Cap-Haïtien centralisera, jusqu'à nouvel ordre, tous les anciens types retirés de la circulation pour les brûler sous le contrôle de la commission instituée à l'article 6.

Art 13. Le présent décret sera publié et exécuté à la diligence du Conseiller du Gouvernement provisoire au département des finances.

Donné à Ouanaminthe, le 14 mars 1889, an 86° de l'Indépendance.

HYPPOLITE

Par le Président provisoire de la République.
Le Conseiller au département des finances.
A. FIRMIN.

La situation précaire de la Révolution qui, par le fait du blocus de ses ports, ne faisait presque plus de recettes douanières, imposa cette mesure qui fit le plus grand bien aux départements protestataires.

La confiance revint parmi les soldats désormais régulièrement payés, et les populations, soulagées, devinrent plus ardentes pour la guerre. Le gouvernement provisoire put alors pourvoir à l'armement complet de ses troupes, et à l'achat de ces bateaux qui ont assuré son triomphe.

LIBERTÉ   ÉGALITÉ   FRATERNITÉ

RÉPUBLIQUE D'HAITI

DÉCRET

LE GOUVERNEMENT PROVISOIRE

Considérant que, dans l'état du pays et en présence des dissensions qui déchirent le sein de la Patrie, il est du devoir d'une sage administration de proclamer l'oubli des offenses et de travailler, par l'apaisement et le rapprochement des esprits, au retour de l'union, de la concorde et de la paix.

Décrète :

Art. 1er. Amnistie pleine et entière est accordée, à partir de ce jour, à tous les citoyens qui, directement ou indirectement, ont pris part, au Mont-Organisé, à la Ste.-Suzanne et à Vallière [1], aux événements dont ces trois localités ont été successivement le théâtre depuis le mois de décembre de l'année dernière.

Art. 2. Ceux de ces citoyens que la crainte du châtiment ou un sentiment quelconque tient encore éloignés du giron du Gouvernement provisoire, sont invités à s'y rallier, avec la garantie qu'ils seront reçus avec bienveillance, et que les personnes, de même que leurs propriétés, seront entourées de toute la protection de l'autorité.

---

1. Ce décret fut rendu dans le but de rallier ces points importants qui, pris et repris en plusieurs fois, commençaient à inquiéter le gouvernement provisoire.

Donné à Ouanaminthe, le 25 mars 1889, an 86ᵉ de l'Indépendance.

HYPPOLITE.

Par le Président :
Le Conseiller aux départements de la Justice et de l'Instruction publique, chargé par intérim de celui de l'Intérieur.

TITUS PÉLISSIER.

Le Conseiller aux départements des Finances et du Commerce, chargé par intérim des départements de la Guerre et de la Marine.

Sᴛ.-M. DUPUY.

Le Conseiller aux départements des Relations Extérieures, des Cultes et de l'Agriculture.

A. FIRMIN [1].

LIBERTÉ   ÉGALITÉ   FRATERNITÉ

RÉPUBLIQUE D'HAITI

ARRÊTÉ

HYPPOLITE
Président provisoire de la République.

Vu la loi du 28 septembre 1860, sur l'exercice du droit de grâce ;

Vu la demande en grâce formée le 8 mars courant par le

---

[1]. La santé du général Bottex ne lui permettant plus de continuer à la Révolution son concours actif, et M. A. Wiliam, conseiller aux départements des Cultes et de l'Agriculture, ayant eu le malheur de tomber entre les mains de l'ennemi, le cabinet du 1ᵉʳ décembre avait subi quelques modifications. Le général Nord

citoyen Rosambert Desvallons, demeurant et domicilié à la Baie-de-Henne,

Sur le rapport du Conseiller chargé du Département de la Justice.

Arrête ce qui suit:

Article 1er. Grâce pleine et entière est accordée, pour le temps qui reste à courir, au nommé Rosambert Desvallons, condamné par jugement du Tribunal correctionnel de Port-de-Paix, en date du 14 février courant, à trois mois d'emprisonnement; droits d'autrui réservés, si aucuns sont.

Article 2. Le présent arrêté sera imprimé, publié et exécuté à la diligence du Conseiller chargé du Département de la Justice.

Donné à Ouanaminthe, le 25 mars 1889, an 86e de l'Indépendance.

HYPPOLITE.

Par le Président:

Le Conseiller chargé du service du Département de la Justice.

TITUS PÉLISSIER.

ORDRE DU JOUR [1]

MOMPOINT JEUNE

Conseiller aux départements de la Guerre et de la Marine.

Concitoyens!

Le bourg de Marchand que, pour réussir dans nos com-

Alexis fut appelé au département de l'Intérieur, M. A. Firmin passa aux départements de l'Agriculture, des relations extérieures et des Cultes, et laissa à M. St-.M. Dupuy le portefeuille des Finances et du Commerce.

1. Nous avons cru inutile de publier les nombreux « ordres du

binaisons, nous avions abandonné à l'ennemi, vient d'être enlevé !

Rudement chargé par l'intrépide général Jean Jumeau secondé par les valeureux généraux Vatélia Voltaire fils, Rovigo Barjon, Ney Pierre, Mortuma Maurice et Jean-Poix, — l'ennemi, après deux heures et quelques minutes de combat, a fui lâchement en laissant sur le champ de bataille trois mitrailleuses, une pièce de canon, des fusils et des munitions.

De notre côté, nous avons à déplorer la perte du valeureux général Vatélia Voltaire fils qui, blessé dans l'action, a expiré quelques heures après que le bourg avait été évacué par l'ennemi.

CONCITOYENS !

La cause que nous avons entrepris de défendre est juste. Dieu la protège visiblement en couronnant d'un succès marqué toutes nos combinaisons. Nous sommes en ce moment forts ; nous disposons de tous les moyens pour faire triompher nos armes, et, sous peu, nous aurons raison de ces bandits qui menacent de sacrifier l'autonomie du pays à leur coupable ambition.

Honneur à vous, braves officiers ! Honneur à vous, vaillants soldats qui venez de donner une fois de plus la preuve de votre patriotisme.

Vive la Révolution !

jour » précédents qui n'ont aucune importance historique. Ceux que nous rapporterons dans la suite, feront voir au lecteur la marche progressive de la Révolution, à partir de la prise de « Marchand ». Car le triomphe ne fut certain qu'après ce brillant fait d'armes. (Voir à l'annexe, note D.).

Vive le Gouvernement provisoire !
Vive la famille haïtienne !

Donné au Quartier-Général de Marchand, le 6 mai 1889.

Le Conseiller au Département de la Guerre et de la Marine.

MOMPOINT jeune.

LIBERTÉ   ÉGALITÉ   FRATERNITÉ

RÉPUBLIQUE D'HAITI

ORDRE DU JOUR

Le Conseiller aux départements de la Guerre et de la Marine.

CONCITOYENS.

En vous annonçant l'enlèvement de Marchand, je vous disais que sous peu nous aurions raison de ces infâmes qui, voulant assouvir leur soif du pouvoir, rêvent de ruiner le pays. Je vous disais que, forts de la protection de Dieu et des moyens dont nous disposons, nous ne tarderions pas à voir triompher nos armes.

CONCITOYENS.

Les bourgs de la Petite-Rivière et de Verrettes viennent d'être évacués par l'ennemi. Ayant conscience de leur impuissance et prévoyant notre assaut il a abandonné ces places après les avoir pillées et incendiées.

Citoyens des Verrettes et de Petite-Rivière, amnistie pleine et entière est accordée à vous tous qui avez, de force ou non, pactisé pendant un moment avec l'ennemi.

Venez vous ranger sous le drapeau des principes que nous défendons ; venez et constatez qu'un mois de résidence chez vous a suffi à Monsieur Légitime pour faire dévaster vos champs, violer vos filles, pour vous ruiner, vous qui voyiez avec tant de plaisir l'économie de toute une existence.

CITOYENS.

Le Gouvernement provisoire ne rêve que notre bonheur, ne travaille que pour asseoir le pays sur les bases solides du progrès et de la civilisation. Avant longtemps, il plantera à Port-au-Prince même le drapeau de la Révolution.

Quant à vous, braves soldats, je vous félicite de l'attitude fière et imposante que vous avez tenue. Continuez à prouver à tous que lorsque le pays est menacé, vous ne savez reculer devant aucun sacrifice.

Honneur à vous et à ces dignes officiers qui vous guident si noblement.

Vive Haïti indivisible !
Vive le Gouvernement provisoire !

Donné à Saint-Marc, le 6 mai 1889, an 86° de l'Indépendance.

MOMPOINT jeune.

LIBERTÉ   ÉGALITÉ   FRATERNITÉ

RÉPUBLIQUE D'HAITI

ORDRE DU JOUR

NORD ALEXIS

Conseiller au Département de l'Intérieur

AU PEUPLE ET A L'ARMÉE

Concitoyens !

La commune de St.-Raphaël, étroitement investie par nos troupes depuis quelques jours, vient de faire sa soumission.

C'est là une circonstance qui prouve que la justice a ses heures de triomphe.

Si nous sommes assez forts pour écraser nos adversaires, nous apportons dans cette lutte où le droit est visiblement de notre côté, toute la sagesse qu'il convient d'avoir pour régler l'importante question qui nous occupe et nous préoccupe en ce moment. Bien de nos frères ont porté les armes contre nous parce qu'ils ont été surpris ou trompés.

Mais l'heure du pardon est arrivée.

Aussi j'accorde amnistie pleine et entière à tous ceux qui, dans les arrondissements du Trou, du Fort-Liberté et de la Grande-Rivière du Nord, ont pris part directement ou indirectement aux actes de rébellion contre le Gouvernement provisoire.

Vive le Gouvernement provisoire de la République !
Vive l'Union de la famille haïtienne !

A bas Légitime !

Donné à la Grande-Rivière-du-Nord, le 12 mai 1889, an 86° l'Indépendance.

NORD ALEXIS.

LIBERTÉ   ÉGALITÉ   FRATERNITÉ

RÉPUBLIQUE D'HAITI

ORDRE DU JOUR

Au peuple et à l'armée.

CITOYENS ET SOLDATS !

Les drapeaux du gouvernement provisoire volent de triomphe en triomphe. Partout nos troupes victorieuses repoussent l'ennemi avec un entrain irrésistible, en lui infligeant des pertes qui le consternent et l'abattent. Aussi la plus grande démoralisation règne dans ses rangs. Marchand, Verrettes, la Petite-Rivière, dans l'Artibonite, St-Michel, Marmelade, St-Raphaël, dans le département du Nord, sont tombés presqu'en même temps en notre pouvoir.

C'est l'œuvre de nos braves généraux Vatélia Voltaire, Albert Salnave, Rovigo Barjon, M. Maurice, Ney Pierre, Jean Michel Jean Poix.

Mais là ne sont pas arrêtés nos triomphes : le valeureux général Jean Jumeau, dont l'activité égale le courage, après avoir contribué à la victoire de Marchand, a volé avec ses divisions électrisées dans les plaines de Saint-Michel de l'Attalaye, où il a mis en fuite le général Saint Fleur Paul, qui a disparu dans les bois.

Les bourgs de Saint-Michel et de la Marmelade, fatigués du régime de tyrannie et d'exaction qui pesait sur eux ont reçu nos soldats en libérateurs avec le pavillon blanc et des vivats enthousiastes.

Haïtiens !

C'est le moment de redoubler d'énergie et de patriotisme afin d'en finir avec les usurpateurs de la Capitale. Dans tout le département du Sud, dans le département de l'Ouest, même à Port-au-Prince les esprits sont agités et soupirent après la délivrance du joug oppresseur de Légitime et de ses affidés.

Réunissez-vous donc autour du drapeau du droit et de la justice; unissez vos efforts pour délivrer notre cher Haïti des criminels qui depuis plus de sept mois la souillent de sang et de honte.

Vive le Gouvernement provisoire !

Vivent les libertés publiques !

Vive l'Ordre !

Vive l'Union !

Donné au Cap-Haïtien, le 12 mai 1889, an 86e de l'Indépendance.

Le Conseiller aux départements des Finances et du Commerce, chargé par intérim des départements de la Guerre et de la Marine.

St. M. DUPUY.

A la date du 11 avril 1889, Anselme Prophète livrait sa septième attaque contre le bourg du Trou. L'arrivée du général Nord Alexis, la veille du jour, avec une force de 300 hommes, fit de cette journée du 11 avril une des plus mémorables de la Révolution. Dulys Prophète, nommé commandant de l'arrondissement du Trou par Anselme Prophète, fut mis à la tête des troupes qui devaient emporter le bourg. Le combat dura toute une matinée, et le désastre constaté après la fuite de l'ennemi, fut vraiment effrayant [1]. Dulys Prophète y trouva la mort.

LIBERTÉ   ÉGALITÉ   FRATERNITÉ

RÉPUBLIQUE D'HAITI

ARRÊTÉ

MOMPOINT JEUNE

Conseiller aux Départements de la Guerre et de la Marine,

Vu les Pouvoirs qui lui sont confiés par le Gouvernement Provisoire de la République ;

---

1. « La Liberté » du 13 avril fait la déclaration suivante (n° 3) :
« Dans la nuit du mercredi au jeudi de cette semaine, on a introduit dans la chapelle du Trou trois cents hommes, des chevaux et un obusier (tout neuf.) Jeudi à six heures du matin, les portes de cette chapelle étaient à peine ouvertes qu'une grêle de balles et de mitrailles pleuvait sur le bourg.
» Alors les généraux Nord et Jean Gilles à leur tour, arrosent la chapelle d'une pluie fine et serrée : mitrailleuse, obusier, canon, carabines font danser hommes et chevaux, autel et statues ; la chapelle devient un amas de chair, de boue, de sang et de bois. Tout le monde fuit, et Anselme qui, dit-on, était de la partie se jette dans le presbytère et de là dans les bois. Le chef de la colonne, Monsieur Dulys Prophète, a été tué ainsi que 28 de ses compagnons. On prétend que des caisses de munitions ont été trouvées chez le curé. Quel est l'auteur de ce sacrilège ?... »
Le curé du Trou ayant été fortement accusé d'avoir facilité l'entrée des troupes ennemies dans la chapelle du lieu, et des accusations de connivence avec le Port-au-Prince ayant été portées con-

Attendu que la Révolution n'a d'autre but que la défense du droit et de la justice ignominieusement violés par M. Légitime ;

Attendu qu'elle ne demande que l'effacement de cet homme à jamais néfaste du pouvoir dont il s'est illégalement accaparé, et que partant elle ne recherche personne.

A arrêté et arrête ce qui suit.

Art. 1er. Amnistie pleine et entière est accordée aux habitants de la Chapelle et la Selle ou de tout autre point de l'Arrondissement de Mirebalais, qui dès la publication de la présente, peuvent sans aucune inquiétude, regagner leur foyer, s'occuper de leur travail et jouir de toutes leurs libertés.

Art. 2. Les différents chefs de division actuellement cantonnés à la Chapelle et à la Selle sont invités à couvrir de toute leur protection les habitants de ces points qui se rendront à eux.

Donné à Saint-Marc, le 11 Mai 1889, an 86e de l'Indépendance.

MOMPOINT Jeune.

ACTE D'ADHÉSION DU MIREBALAIS

Nous, soussignés, habitants de la Commune de Mireba-

---

trè plusieurs prêtres du Nord, le gouvernement provisoire dût faire rentrer au Cap-Haïtien presque tous les curés de l'Intérieur. Cette mesure donna lieu à la correspondance échangée entre Mgr. Kersazan, évêque du Cap-Haïtien, et M. A. Firmin, conseiller au département des cultes (voir annexe n° E.) Les faits imputés à M. l'abbé Martin, curé du Trou, étaient basés sur les lettres du général Anselme Prophète à ce curé et de celui-ci au général T. Jean Gilles (voir annexe F.)

lais, compétemment réunis au bureau de cette place à l'effet de délibérer sur la situation où se trouve l'Arrondissement ;

Avons résolu ce qui suit :

Considérant que nous ne pouvons plus servir le gouvernement inconstitutionnel du 16 décembre de l'année dernière, nous avons décidé de nous ranger sous les bannières protectrices de l'armée du Nord seule capable de donner une paix durable au pays.

En conséquence, nous vous ouvrons franchement nos portes et nous vous tendons fraternellement la main.

En foi de quoi avons clos ce présent procès-verbal les jour, heure, mois et an que dessus et l'avons signé.

(Suivent les signatures).

LIBERTE   ÉGALITÉ   FRATERNITÉ
RÉPUBLIQUE D'HAITI

Lascahobas, le 14 Mai 1889, à minuit.

Les autorités locales de cette commune,

Au général de division, commandant de la commune de Mirebalais.

Général,

La situation actuelle de cet arrondissement nous commande de prononcer la Révolution glorieuse commencée dans le Département du Nord ; en coopérant à ce mouvement, nous venons de tirer le canon d'alarme en signe de ralliement.

(Suivent les signatures.)

LIBERTÉ   ÉGALITÉ   FRATERNITÉ

RÉPUBLIQUE D'HAITI

ADRESSE

A LA POPULATION DE LASCAHOBAS

HONORABLES CONCITOYENS,

L'acte d'adhésion que vous venez d'adresser au Gouvernement provisoire du Nord qui porte haut et ferme le drapeau de l'ordre, de la justice et du droit vous fait honneur. Il dit assez que vous êtes des patriotes que le mensonge et la duperie de l'usurpateur Légitime avaient induits en erreur. Il dit assez que vous avez compris que tout Gouvernement qui a pour base le crime et pour existence le mépris des libertés publiques, le pillage à main armée de la fortune nationale et de celle particulière, est un Gouvernement de brigands qui ne peut durer qu'un jour.

Les exactions de cette démagogie ont fait rougir nos cœurs de patriotes, l'écho des cris de malédiction des mères, des fils du Sud et l'Ouest, a retenti partout ; vous l'avez entendu et vous avez agi. Le Gouvernement provisoire du Nord vous félicite au nom de la Patrie, honorables concitoyens, et il vous promet comme à tous ceux qui ont des sentiments aussi élevés que vous, la même sécurité qui le rend grand aux yeux de ses concitoyens et le fait estimer de l'Étranger.

Encore quelques jours, honorable population de Lascahobas, notre sainte cause aura brisé le glaive du crime que tient l'anti-patriote Légitime.

Notre programme est invariable :
>
> La sécurité pour tous !
>
> Haïti une et indivisible !
>
> Haïti grande et prospère !

Le conseiller aux départements de la guerre et de la marine.

MONPOINT Jeune.

LIBERTÉ   ÉGALITÉ   FRATERNITE

RÉPUBLIQUE D'HAITI

ORDRE DU JOUR

AU PEUPLE ET A L'ARMÉE

CITOYENS ET SOLDATS !

Par mon dernier ordre du jour, je vous annonçais que Marchand, Verrettes, la Petite-Rivière, dans l'Artibonite et Saint-Michel, Marmelade et St-Raphaël dans le département du Nord étaient retombés au pouvoir du Gouvernement provisoire.

Aujourd'hui, je vous annonce la reprise de Hinche, Maïssade, avec le reste de l'arrondissement de la Marmelade.

Le général Jean Jumeau, organise partout de nouvelles forces et le général Azénoff Jn.-Gilles, qui n'attendait qu'une occasion pour nous prouver qu'il était toujours resté fidèle à notre cause, a attaqué les fuyards de l'ennemi au Fort MAMONT et au Fort DÉCIDÉ d'où il les a chassés.

Les généraux Rosa, Charles Lajeunesse et d'autres ont

fui lâchement, nous laissant quarante carabines Remington, dix caisses de munitions. Entre MAÏSSADE et MAMONT nous avons fait soixante-dix prisonniers. Du côté de Vallière, la débandade a commencé ; l'ennemi a évacué son Quartier général de la Savanne au Camp, et plusieurs de nos amis qu'il avait retenus sont rentrés au Trou.

CONCITOYENS,

L'heure de notre triomphe arrive.

Attendez-vous chaque jour à apprendre de nouveaux succès pour notre cause ; mais déployez de plus en plus de dévouement et d'activité pour précipiter la fin de nos adversaires déloyaux.

Vive le Gouvernement provisoire !
Vivent les libertés publiques !
Vive l'Ordre !
Vive l'Union !

Donné au Cap-Haïtien, le 14 Mai 1889, an 86° de l'Indépendance.

Le Conseiller intérimaire de la Guerre et de la Marine,

St.-M. DUPUY.

Saint-Marc, le 15 Mai 1889, au 86° de l'Indépendance.

ORDRE DU JOUR

MOMPOINT JEUNE
Conseiller au département de la Guerre et de la Marine.

CONCITOYENS,

Nous marchons de victoire en victoire ! C'était hier l'adhésion de St.-Michel et l'évacuation de la Marmelade ;

— 128 —

aujourd'hui, c'est l'intérressante population de Mirebalais qui vient se ranger sous la bannière de la Révolution et nous demande les sécurités que nous avons déjà données à tous ceux qui, comprenant leurs intérêts, ont abandonné la cause de M. Légitime.

Concitoyens,

Encore quelques jours et notre malheureuse patrie sera débarrassée des bandits qui l'infestent et compromettent son autonomie. Encore quelques jours et l'armée du Nord forte de votre puissant concours, donnera au pays un vrai chef d'État qui, mettant l'intérêt général au dessus de tout autre, nous donnera une paix durable et travaillera, grâce à votre concours, à cicatriser les plaies de la Patrie.

MOMPOINT jeune.

LIBERTÉ   ÉGALITÉ   FRATERNITÉ

RÉPUBLIQUE D'HAITI

ORDRE DU JOUR

NORD ALEXIS

Conseiller chargé du Département de l'Intérieur, délégué extraordinaire du Président provisoire de la République, dans les arrondissements du Trou, du Fort-Liberté et de la Grande-Rivière-du-Nord.

AU PEUPLE ET A L'ARMÉE

Concitoyens.

Les arrondissements du Trou, de Fort-Liberté et de la Grande-Rivière-du-Nord sont complètement purgés de ces hordes légitimistes qui les infestaient, en semant partout le pillage, l'incendie et la désolation. De la ligne de la

Marmelade au Fort Biassou, en passant par Saint Raphaël Pignon, Ranquitte, Bambous-Rempart, Ste-Suzanne, Coco-Clairville, Morne-Magdeleine, Lassalle, Carice, etc., l'ennemi a fui dans toutes les rencontres, avec une rapidité qui n'égale que sa faiblesse et sa froide méchanceté.

C'est ici l'occasion de rendre un hommage public au président Hyppolite qui a prêché d'exemple et qui, fidèlement secondé par des lieutenants d'élite, a si heureusement opéré contre la vaste commune de Vallière.

Concitoyens,

Les trois Départements protestataires, à côté de la force du droit, possèdent le droit de la force : ils marchent de victoire en victoire, et les troupes du Gouvernement provisoire de la République sont déjà dans les plaines de Port-au-Prince.

Patience, concitoyens ! Courage, officiers et soldats, vous tous combattants directement placés sous mon haut contrôle ! courage mes compagnons d'armes de l'Artibonite ! Notre cause étant sainte et sacrée, Dieu la protège visiblement : encore quelques jours et la paix publique sera rétablie en faveur de la justice et pour le grand bien de la Patrie commune.

Vive le Gouvernement provisoire de la République !!!
Vive Haïti une indivisible !!!

A bas Légitime !!!

Donné à la Grande-Rivière du Nord, le 21 Mai 1889, an 86° de l'Indépendance.

NORD ALEXIS.

LIBERTÉ ÉGALITÉ FRATERNITÉ

RÉPUBLIQUE D'HAITI.

PROCLAMATION [1]

HYPPOLITE,
Président provisoire de la République.

AU PEUPLE ET A L'ARMÉE

HAITIENS,

Six mois se sont à peine écoulés depuis que, par le vœu unanime des populations, j'ai été appelé à défendre les droits, à diriger les revendications des départements protestataires.

Vous connaissez les conditions dans lesquelles j'ai accepté ce mandat : les arsenaux étaient vides, nos régiments désarmés, toutes nos forces militaires désorganisées.

Que d'efforts, de dévouements, de sacrifices de tous

---

1. Cette proclamation qui fut accueillie avec transport par les populations protestaires, avait le double but d'indiquer nos succès et d'affirmer la résolution du général Hyppolite d'accepter la présidence définitive, si elle lui était offerte, après la guerre. Disons qu'il fallut l'insistance de tous ceux qui l'entouraient, pour le porter à prendre cette décision et à la consigner dans sa proclamation. Ses amis lui firent le tableau de la lutte inévitable qui, dès son refus d'accepter le pouvoir, s'engagerait, entre divers partis que seul, il pouvait par son nom et sa sagesse réunir autour de lui.

En effet, le bruit s'étant répandu que le général Hyppolite n'accepterait pas la présidence après la guerre, déjà des camps se formaient, et chacun commençait à prôner son candidat. La proclamation du 24 mai calma tous les esprits et fit disparaître tous ces partis naissants.

genres, n'a-t-il pas fallu pour réunir à la frontière les quelques centaines de citoyens qui, au début de la Révolution, constituaient presque toute notre armée !

Nos adversaires, au contraire, étaient bien organisés, bien armés, pourvus de tout sur terre comme sur mer.

Aussi, furent-ils à peine informés de notre faiblesse et de notre dénuement que, semant sur leur parcours la corruption et la terreur, ils pénétrèrent dans le Nord, sous la conduite d'Anselme Prophète, et parvinrent jusqu'aux portes du Trou, tandis que, d'un autre côté, Osman Piquant envahissait l'Artibonite et faisait des vastes plaines et des bourgs florissants de ce département le théâtre sanglant et fumant de ses forfaits et de ses crimes.

La situation critique faite alors à la Révolution m'obligea à me déplacer moi-même pour aller diriger les opérations des arrondissements du Trou et du Fort-Liberté, surveiller la frontière de l'Est, foyer des machinations de l'ennemi et empêcher l'envahissement des communes de Ouanaminthe, des Perches et de Fort-Liberté, promises en pillage par Anselme Prophète à ses bandes de mercenaires.

Cependant, au milieu de tous ces malheurs, je n'ai point perdu confiance ; mon courage s'est accru en proportion des obstacles qui se multipliaient devant moi et qu'il me fallait vaincre.

Ce courage, qui m'a toujours fait regarder les événements d'un œil tranquille et les diriger avec un esprit calme, je l'ai trouvé, je dois l'avouer, dans la fière attitude de mes lieutenants, dans la sainteté de notre cause, autant que dans le sacrifice que, en acceptant le pouvoir, j'ai fait à mon pays.

Nos ennemis pensaient nous vaincre en mettant le pied dans le Nord et l'Artibonite, ils criaient déjà au triomphe.

Mais il n'est pas aisé d'avoir raison du droit et de la justice. Le triomphe du méchant est factice, et quand le juste paraît abattu, c'est pour se relever glorieux et vainqueur.

Vous en avez aujourd'hui le spectacle.

Alors que tout semblait conspirer contre nous, alors que les déceptions et le découragement paraissaient devoir nous abattre, nous voilà plus forts que jamais ; la confiance renaît, et les populations trompées reviennent se ranger sous le drapeau du Gouvernement provisoire.

En moins de quinze jours, nous avons déblayé l'Artibonite, purgé le Nord, le Mirebalais et Lascahobas, détruit, en un mot, les trois corps d'armée de l'Ouest dont les débris épars s'en vont par les bois et par les mornes chercher une retraite contre l'impétuosité de nos soldats. Déjà deux de leurs généraux en chef, Antoine Pollas et Boisrond Tonnerre, beaucoup d'autres officiers, médecins, pharmaciens et une bonne partie de leurs nombreuses divisions, sont tombés au pouvoir de nos troupes.

L'audace de l'ennemi est maintenant abattue, ses prétentions brisées. Il n'ose plus attaquer, il ne se défend même plus.

Prises de frayeur, affaiblies, fatiguées même peut-être de verser leur sang et d'exposer leur vie pour l'ambition d'un homme, ces bandes d'envahisseurs, hier encore si pleines de feu et d'entrain, fuient à l'approche de nos troupes. Elles abandonnent en toute hâte leurs positions, et ces malheureux soldats qu'une main criminelle conduisait comme un vil troupeau, à la mort, viennent craintifs se ranger autour de nous.

Qu'ils ne craignent point ! Ils ne sont pas coupables, ces pauvres citoyens arrachés de leurs champs, maltraités, trompés et armés contre leurs frères. Ils ont cédé à la contrainte : la terreur les a portés au combat.

Aussi, est-ce avec une joie bien douce que je les reçois ! Qu'ils viennent tous à moi !

Ils trouveront un bras pour les protéger, un cœur pour les aimer. Je veux même oublier les fautes des coupables, de ceux que l'ambition a armés. Ces fautes, ils peuvent les racheter en m'aidant à rétablir la paix, cette paix dont le pays a tant besoin.

J'amnistie enfin non seulement les populations égarées de l'Artibonite et du Nord, mais aussi celles de Lascahobas et de Mirebelais et toutes celles qui, suivant leur noble exemple, se rallieront à notre cause.

Concitoyens de l'Ouest et du Sud, un homme, depuis sept mois, vous fait courber sous un sceptre de fer. Sans pitié pour vos filles, vos épouses, vos mères, il vous arrache de leurs bras et vous envoie mourir, mourir misérablement loin du foyer natal. A Jacmel, dans l'Artibonite et dans le Nord, votre sang a coulé à flots. Ce sang généreux, le sacrifice de tant de précieuses existences, est-ce le salut de la Patrie qui l'exige ? Hélas ! non, c'est l'ambition d'un homme, son ambition insatiable, effrénée du pouvoir, qui vous y condamne. Il vous pousse contre des frères qui vous aiment et que certainement vous aimez, et vous laisse vous entretuer, tandis que lui, rapace et cruel, il se rit de votre malheur et s'enrichit de vos dépouilles.

Serez-vous toujours le jouet de cet homme, les dociles instruments de ses passions égoïstes?

Concitoyens de l'Ouest et du Sud, l'heure de la délivrance a sonné. Nos armées victorieuses sont aux portes de la Capitale. Levez-vous en masse, et ralliez-vous à nous. Prouvez à Mr. Légitime qui semble encore l'ignorer, que sous vos mâles poitrines battent des cœurs de patriotes.

Le moment est à l'action, au dévouement, au sacrifice. Unissons-nous et commandons nos efforts dans une même communion de sentiment, dans un même suprême élan de patriotisme pour relever notre Pays avili, traîné dans la fange par Mr Légitime et ses amis.

Heureux, moi-même, si, après avoir rempli le mandat Provisoire qui m'est confié, je puis consacrer à la Patrie qui réclame le concours de tous ses enfants tout ce que j'ai encore de force, d'intelligence et de dévouement.

Vive l'Union !

Vive la paix !

Vive les Institutions !

Vive Haïti libre et indivisible !

Donné à Ouanaminthe, le 24 mai 1889, an 86e de l'Indépendance.

HYPPOLITE.

LIBERTÉ, ÉGALITÉ, FRATERNITÉ
RÉPUBLIQUE D'HAITI

ORDRE DU JOUR

MOMPOINT jeune,
Conseiller au Département de la guerre et de la marine,

AU PEUPLE ET A L'ARMÉE

CONCITOYENS,

Un nouveau succès vient de s'accomplir ! Le formidable camp Guibert, dans la commune de l'Arcahaie, attaqué hier par nos invincibles soldats, a été pris d'assaut. Le général Millien, qui commandait cette position importante n'a trouvé son salut que dans une fuite honteuse, et quelques-uns de nos soldats qui avaient transigé avec leur honneur militaire continuent à le suivre sous le drapeau odieux que soutient encore Mr. Légitime. — Quelques hommes d'un bataillon du 20ᵉ régiment, qui, lors de la prise de ce fort étaient tombés au pouvoir de l'ennemi, et qui n'attendaient qu'un moment favorable pour retourner dans nos rangs, ont repris leur place sous nos drapeaux.

Quantité de provisions, tant de bouche que de guerre, entre autres, vingt carabines Remington ont été prises.

CONCITOYENS,

La Révolution est à sa fin. Encore quelques jours et Mr. Légitime se verra dans la nécessité de renoncer à sa folle ambition de gouverner le pays.

Vive la Révolution !
Vive le Gouvernement provisoire !

Vive Haïti indivisible !

Donné au Quartier-Général de Saint-Marc, le 27 Mai, an 86ᵉ de l'Indépendance,

MOMPOINT jeune.

C'est aux deux grandes batailles du Trou (11 avril) et de Marchand (6 mai) que la Révolution du Nord dût tous ces succès et cette marche vertigineuse que nous venons de suivre dans la Proclamation du 24 mai.

Sa présence n'étant plus nécessaire à Ouanaminthe, le général Hyppolite laissa ce bourg le 29 mai, visita le Mont-Organisé, Carice, Vallière, ralliant à lui tous les chefs de bandes ; il redescendit par le Morne-Magdeleine, les Perches, le Trou, Terrier-Rouge, Caracol, Jacquesy, et rentra au Cap-Haïtien, où il reçut une véritable ovation.

Le lendemain de son arrivée en cette ville, le Président provisoire de la République reçut une délégation qui lui remit des Adresses de l'armée et de la population de Saint-Marc qui venaient de le proclamer Président définitif de la République.

Le général Hyppolite, tout en remerciant les populations de l'arrondissement de St-Marc de cette haute marque de confiance, déclara ne pouvoir accepter le titre qu'elles lui offraient, et qu'il laissait aux mandataires autorisés de la nation le soin de désigner librement le citoyen qui devra être appelé à gérer les intérêts du pays.

C'est dans ce sens, comme nous le verrons plus loin, qu'il répondit à toutes les adresses du même genre qui, depuis cette date, et presque en même temps lui parvinrent de tous les points des départements protestataires.

Seul l'arrondissement du Cap-Haïtien ne prit pas part à cette acclamation populaire, parce que le général Hyppolite, prévenu à temps, s'opposa à cette manifestation de sa ville natale [1].

Adresse des populations des Gonaïves, d'Ennery de Cros-Morne, et des garnisons de ces communes.

Concitoyens,

Depuis huit mois bien accomplis vous êtes à soutenir héroïquement une lutte suscitée par l'ambition et l'agression d'un vil usurpateur qui, au mépris des institutions et en dépit de sa pudeur politique et de son honneur

1. De St-Marc il écrivait privément au général St-Martin Dupuy, conseiller au département des Finances, resté au Cap-Haïtien :

« Tous mes amis savent qu'en acceptant de diriger le mouvement inauguré par les protestations des trois départements contre l'acte inouï du 2 septembre 1888, je n'ai été guidé par aucun sentiment d'ambition personnelle. Ce serait me faire injure que de supposer que je veuille obtenir la première magistrature de mon pays par des voies contraires à la légalité et aux principes qui, seuls, justifient la résistance que nous avons soutenue et que nous soutenons contre l'usurpation de M. Légitime. Vous pouvez donc être persuadé que toutes les fois que certains amis trop zélés provoquent des manifestations ayant pour but de me porter à prendre le pouvoir hors des voies légales, c'est qu'ils agissent en dehors de mon impulsion. Je sais trop la lourde charge qu'on assume avec le pouvoir, pour désirer de l'avoir par surprise ou par escamotage. »

Et au général St-Firmin Blot, commandant de la commune du Cap-Haïtien :

« Si vous m'aimez, comme je n'ai pas le droit d'en douter, il faut éviter de compromettre ma réputation politique par des manifestations qu'on sera toujours disposé à croire inspirées par moi »

jusqu'alors sans tache, a foulé sous ses pieds la souveraineté de vos droits et de vos libertés.

Jamais depuis cette tourmente révolutionnaire qui passe sur le pays depuis la nuit du 28 septembre, vous n'avez désespéré de la cause de notre Revendication dont la justice et la sainteté sautent à tous les yeux, même aux yeux du despote qui a ensanglanté les pages de nos annales politiques par la perpétration d'un crime effroyable. Cependant vous avez eu à traverser des phases critiques et des situations précaires ; et malgré tous ces orages, ni votre ardeur, ni votre courage n'ont point démenti votre patriotisme. Cela vous fait gloire, concitoyens ! La plus grande fermeté est toujours restée de votre côté, quoique pendant un instant, vous ayez eu à constater l'honneur de vos familles menacé, vos champs dévastés, vos intérêts pillés, vos maisons incendiées. Mais le pays vous en tiendra compte ; rassurez-vous.

Concitoyens,

Nous sommes heureux de vous annoncer que cet arbre du despotisme implanté dans le sol de votre liberté dans la nuit lugubre du 28 septembre, est abattu, et que la révolution va prendre fin.

Néanmoins, c'est maintenant, c'est à cette heure qu'il faut se prémunir contre tous les maux qui peuvent se combiner, c'est à cette heure que la plus grande vigilance demande à s'exercer strictement, c'est à cette heure, enfin, que doivent être employées les précautions les plus minutieuses.

Pour parer à tous contre-coups, nous croyons néces

saire de vous proposer, concitoyens, un gouvernement définitif acclamé aux lieu et place du gouvernement provisoire. Ce sera là le bonheur du peuple et la sauvegarde de la sécurité publique.

Et le pays a besoin du repos !

C'est donc dans ce solennel moment que nous devons acclamer, au nom du peuple souverain, celui qui a servi d'étendard à la famille haïtienne, le général Hyppolite, président provisoire de notre République, président définitif de la République et les grands pouvoirs de l'Etat à venir confirmeront la volonté nationale.

(Suivent les signatures) :

LIBERTÉ ÉGALITÉ FRATERNITÉ

RÉPUBLIQUE D'HAITI

ADRESSE

AU PRÉSIDENT DE LA RÉPUBLIQUE D'HAITI

Excellence,

En ce moment où, grâce à votre intelligent concours, votre malheureuse patrie est presque débarrassée de ceux qui ont juré sa perte, la ville de Saint-Marc, si fière de vous avoir aidé dans l'accomplissement de votre pénible mission, manquerait à un devoir bien sacré si elle restait plus longtemps sans vous faire part des sentiments dont elle est inspirée pour votre personne.

Onze mois se sont déjà écoulés depuis que la nation haïtienne est livrée, par le fait de certaines gens, à une anarchie telle que, sans votre habile direction, elle perdrait déjà son indépendance pour laquelle nos pères ont tant souffert, ont versé tant de sang. Onze mois se sont écoulés depuis que, brisant avec toutes vos affections, vous imposant les plus durs sacrifices, vous avez pris la cause du peuple et l'avez plaidée avec une sagacité et un courage qui vous font honneur.

EXCELLENCE,

En attendant que l'avenir vous donne la place qui vous revient, permettez à la patrie en général et à la ville de Saint-Marc en particulier, de vous prouver sa reconnaissance en vous confiant la présidence de la République.

Votre bonne foi et votre patriotisme nous sont garants des efforts que vous allez faire pour le relèvement de la nation, la régénération de notre race. Que celui de qui dépendent les destinées des peuples et des individus vous continue sa protection. Puissiez-vous, Excellence, vivre longtemps pour le bonheur du pays et celui de Saint-Marc, dont la population est heureuse de l'occasion qui lui est donnée de vous prier de recevoir, avec l'assurance de son dévouement, l'expression des sentiments avec lesquels elle se souscrit.

Votre respectueuse servante.

(*Suivent les signatures*).

LIBERTÉ ÉGALITÉ FRATERNITÉ
RÉPUBLIQUE D'HAITI

Aujourd'hui, quatrième jour du mois de juin mil huit cent quatre-vingt-neuf, an quatre-vingt-sixième de l'Indépendance.

Vu l'acte accompli aux Gonaïves dans la journée du deux du courant ;

Attendu que les circonstances actuelles obligent le peuple haïtien à recourir aux mesures qui lui assurent une paix durable, et l'empêchent de déplorer une nouvelle fois les malheurs inhérents à la guerre civile ;

Attendu que le système provisoire dans lequel se trouve le pays depuis dix mois est de nature à lui créer d'autres complications qui, si elles surgissaient, feraient perdre à la nation son autonomie et son indépendance ;

Attendu qu'il est de toute nécessité d'assurer définitivement la marche du service public et que, pour ces motifs, il importe de confier, sans retard, à un citoyen les destinées de la République avec le titre de président d'Haïti.

Considérant que le général Hyppolite qui n'a jamais cessé de donner des preuves de son patriotisme, a, depuis le mois d'octobre dernier, présidé le gouvernement provisoire avec un dévouement et une intelligence qui le rendent en tous points digne de l'attention du peuple haïtien ; dévouement et intelligence qui garantissent les sentiments dont il est animé et permettent d'espérer avec lui, le plus grand bien pour la nation haïtienne.

Nous, habitants de la ville de Saint-Marc, officiers et

soldats y cantonnés, réunis de notre plein gré, déclarons, en présence de Dieu et de la nation, proclamer le général Hyppolite, président de la République d'Haïti et jurons de lui continuer tout notre concours pour mener à bien les destinées du pays, en attendant que les Chambres régulièrement constituées sanctionnent le présent acte de proclamation.

En foi de quoi nous avons dressé le présent acte, les jour, mois et an que dessus.

(*Suivent les signatures*).

LIBERTÉ   ÉGALITÉ   FRATERNITÉ

RÉPUBLIQUE D'HAITI

Mirebalais, 31 mai 1889, an 86ᵉ de l'Indépendance.

LA POPULATION DE MIREBALAIS, ET L'ARMÉE QUI Y EST CANTONNÉE

Aux honorables membres du gouvernement provisoire de la République d'Haïti.

Respectables Concitoyens,

Depuis tantôt huit mois, la République d'Haïti est lancée dans une guerre civile plus que malheureuse qui la ravage par le fait de quelques enfants dénaturés de la patrie qui, pour assouvir leur soif de pouvoir, pensaient élire un chef d'État avec une majorité inconstitutionnelle.

Le Dieu des armées, bénissant notre sainte cause, nous a permis de marcher de succès en succès.

La population de Mirebalais, et l'armée qui y est cantonnée, rendant hommage aux vertus civiques du général Hippolyte, président provisoire de la République, et voulant couronner la noble carrière qu'il a parcourue avec honneur et désintéressement vous proposent de l'appeler à la première magistrature de l'État, avant la rentrée de l'armée dans les murs de la capitale, afin de poser une digue aux ambitions trop souvent déréglées de certains de nos hommes.

Dans ces sentiments, nous avons l'honneur de nous souscrire vos très humbles et très dévoués serviteurs.

(*Suivent les signatures*).

LIBERTÉ   ÉGALITÉ   FRATERNITÉ
RÉPUBLIQUE D'HAITI

Grands-Bois, 1er juin 1889, an 86e de l'Indépendance.

ADRESSE

DE LA POPULATION ET DE L'ARMÉE DE CETTE COMMUNE

Au gouvernement provisoire de la République.

Messieurs,

Un gouvernement usurpateur vient d'être formé au Port-au-Prince. Une minorité de nos concitoyens, se basant sur leurs intérêts personnels, ont déféré le titre de président de notre République au général F. D. Légitime.

Malgré la protestation de trois départements, le général Légitime a mieux aimé accepter une irrégularité que de se décliner de cette haute charge et aussi que de courber une tête docile devant la majeure partie de la République.

Voulant sortir de cette impasse et pour prévenir tout malentendu qui, à l'avenir, pourrait occasionner des chutes malheureuses; venons demander au gouvernement provisoire la nomination immédiate du premier magistrat de la République et recommandons chaleureusement au pays le général F. Hyppolite, homme qui s'est fait distinguer tant par ses connaissances que par son dévouement au pays.

Nous demeurons espérer que notre demande méritera votre juste appréciation.

Nous vous saluons en la patrie.

(Suivent les signatures).

LIBERTÉ   ÉGALITÉ   FRATERNITÉ
RÉPUBLIQUE D'HAÏTI

Adresse de la population de la commune de Terre-Neuve.

Concitoyens,

Courbés sous le poids accablant d'un joug de fer odieux qui faisait supporter M. Salomon, le plus grand despote que le pays, eût à souffrir, — au moment où nos bras s'étendaient impuissants, où nous ne pensions plus à la délivrance, où nous la croyions même un vain mot, le général Séide Lélémaque, touché de notre état affreux, comprit que son honneur ne pouvait lui commander de rester dans une inaction coupable, qui, certes, souillerait sa réputation, ternirait ses longues années, consacrées aux louables services de sa patrie. — C'est alors qu'il tira du fourreau cette épée dont la valeur est si connue. C'était bien, et le pays n'attendait pas moins de lui.

Après un si grand acte, digne d'un tel défenseur, il n'était pas étonnant que de l'assentiment de la plupart de ses concitoyens se manifesta le désir de le voir à la tête de sa patrie, pour laquelle il était disposé à répandre son sang, dût-il mourir. Ce qui fut étonnant, ce fut la machination diabolique, combinée par le vil scélérat, l'odieux Légitime, et exécutée dans la mémorable nuit du 28 septembre.

Depuis, comme un seul homme, concitoyens des trois départements du Nord, du Nord-Ouest et de l'Artibonite, vous n'avez jamais cessé de désespérer du triomphe d'une cause si juste. Avec le même courage, animés du plus pur sentiment, partout l'usurpation a trouvé la plus redoutable résistance.

Durant toute cette guerre meurtrière, dévastatrice, qui dure depuis près de huit mois, que d'atrocités, que de crimes, n'avez-vous pas eu à constater ! — Oubliant que nous sommes tous frères du même pays, Légitime, qui ne recule devant aucune horreur pour couronner son œuvre, s'était imaginé pouvoir mieux réussir en permettant à ses vils sicaires, mercenaires de bas étages, le pillage, le viol, le massacre et l'incendie.

Cependant il comptait sans votre fermeté dont vous devez être fiers à juste titre. Aussi, loin de vous abattre, cette dernière ressource du brigand n'a fait que soulever votre indignation et vous rendre plus terribles.

Rassurez-vous, le Gouvernement qui prend note de votre grand concours dans la revendication de vos droits foulés aux pieds, droits, sans lesquels votre autonomie n'existerait plus, le Gouvernement, disons-nous, saura vous dédommager des peines que vous a fait essuyer cet usurpateur, et des pertes que vous avez éprouvées.

Au général Hyppolite, la personnification, le chef de cette belle Révolution, à lui qui a toujours fait preuve du plus grand désintéressement, du plus grand patriotisme, est due notre reconnaissance. — Ses qualités supérieures, jointes à son courage inébranlable, nous garantissent de l'avenir et nous portent à croire qu'il est comme son ami Séide apte à remplir convenablement la charge de Président d'Haïti.

C'est pour cette raison que nous souhaitons, et que nous voulons qu'il soit définitivement nommé, afin d'empêcher le retour néfaste d'une nouvelle nuit du 28 septembre. C'est là une décision des plus nécessaires, chacun y gagnera.

CONCITOYENS,

Le moment est arrivé. Plus d'hésitations et criez avec nous de toute la force de vos poumons.

Vive Flovil Hyppolite, Président de la République.

Vive Haïti indivisible !

Vive l'Union et la Concorde.

Suivent les signatures :

Manifestation de la population du Borgne

CITOYENS DE TOUS LES POINTS DU PAYS,

Unissons-nous! Et, d'une commune voix, déclarons

que le Général Hyppolite, Président provisoire de la République, a bien mérité de la Patrie et qu'il a pleinement justifié la confiance que les peuples des trois départements protestataires ont placée en lui. — Par conséquent nous lui décernons en récompense de ses vertus civiques et de son désintéressement par trop connu, le titre de Président d'Haïti. Pour ce, nous nous adjoignons de cœur et d'âme au désir manifesté par les populations de l'Artibonite de le voir élevé à la première magistrature de l'État, pour une période qui sera fixée dans la Constitution dont le pays doit nous doter. En adhérant à cette pensée émise par la grande population de l'Artibonite, nous n'avons en vue que la consolidation de la paix tant désirée et le bonheur de la Patrie. Plus de partis ! Plus de division ! Plus de haine ! Plus de comparse ! Vive l'Union ! Dorénavant, la morale publique au nom de laquelle nous avons pris les armes a reçu une nouvelle consécration. Désormais nul profanateur ou spéculateur politique n'osera y toucher, à moins d'être traîné aux gémonies. — Comme couronnement de l'édifice social que nous réédifions, nous voulons que la Constitution soit un acte vrai, sincère, enfin patriotique. C'est là notre vœu.

Que le Ciel nous entende !

Suivent les signatures :

Division du Général J. Jumeau

Concitoyens,

La nuit du 28 septembre, Seïde Thélémaque, le libéra-

teur, s'endormait sur ses lauriers confiant et tranquille !
Dans l'ombe une main criminelle ourdissait un crime, et
le général Seïde Thélémaque tomba frappé de mort. —
Cette nuit lugubre qui semblait être pour Haïti l'anéantissement de la liberté joncha de cadavres et inonda de
sang sa capitale.

Le Nord de la République, le Nord, ce foyer de la
liberté, ce berceau de l'indépendance nationale, par un
cri d'indignation unanime et spontané, protesta ; sa voix
méconnue fut méprisée.

Les ténèbres de la nuit avaient favorisé un crime, la
clarté du jour éclaira une usurpation, et l'assassin d'un
homme devint le bourreau d'un peuple. Légitime, que
l'histoire flétrira et qui porte déjà au front le stigmate de
son crime, s'assit cyniquement au fauteuil présidentiel, et
d'une main perverse continua son œuvre. — Nos campagnes furent envahies, nos bourgades incendiées, nos
femmes et nos filles violées et nos cités bombardées.

Un homme dont le passé était la garantie de l'avenir et
dont le talent militaire se joint à l'administration politique,
accepta l'épée de la défense que lui offrirent ses concitoyens. La revendication des droits souverains de la volonté nationale foulés aux pieds par un vil malfaiteur, fut
le but que poursuivit activement celui que toutes les lèvres nomment avec reconnaissance : Le Général Florvil
Hyppolyte.

La justice et la sainteté de notre cause étaient du domaine de Dieu, qui devait visiblement la protéger.

Couverte de lauriers, la Révolution a triomphé partout
après une lutte longue et géante, ses bannières se trou-

vent déjà aux portes même de la capitale et ses armées ne demandent qu'à en opérer l'assaut.

La consécration de nos victoires, de notre triomphe, de la revendication de nos droits, en un mot de la Révolution du Nord née des libertés méconnues, demande et exige maintenant même un grand acte politique qui doit faire page dans nos annales et montrer aux peuples du monde civilisé que nous sommes à la hauteur de l'œuvre toute sainte que nous avons entreprise.

Guide de notre glorieuse Révolution, déjà désigné par les comités de chaque arrondissement comme Président provisoire de la République, le Général Hyppolyte ayant par sa conduite, son énergie, son dévouement, sa sagesse politique et son tact militaire, conduit à une fin heureuse et sauvé les deux tiers de la République de la désolation et de la ruine, en conservant l'autonomie nationale menacée par l'ambition de l'usurpateur, a droit à la reconnaissance de ses compatriotes.

Haïtiens,

Le moment est suprême, la Patrie ensanglantée a besoin de repos !

La sauvegarde et la sécurité du peuple en dépendent !

L'avenir confirmera l'élection du moment.

Mûs par ces sentiments nous invitons nos frères à ne pas être sourds à notre voix et nous acclamons et proclamons par cet acte le général Hyppolite, Président de la République.

Fait aux Gonaïves le 3 juin 1889, an 86° de l'Indépendance.

Suivent les signatures :

— 150 —

LIBERTÉ   ÉGALITÉ   FRATERNITÉ
RÉPUBLIQUE D'HAÏTI

Grande-Saline, le 4 juin 1889, an 86e.

LES CITOYENS DE CETTE COMMUNE
Au Général Hyppolite, Président de la République d'Haïti.

PRÉSIDENT.

La Patrie est encore agonisante sous les dernières plaies portées dans ses entrailles par les forcenés enrégimentés en pillards-incendiaires sur nos plaines restées inébranlables devant les assauts à jamais mémorables à la gloire, tant de nos courageux soldats que de vos vaillants lieutenants. Après des moments aussi pressents, auxquels vous n'avez pas cessé de consacrer vos veilles à la défense de nos droits usurpés, le pays doit reconnaître un des plus grands devoirs à accomplir pour la sauvegarde de chacun : c'est sans hésitation, que les soussignés viennent vous proclamer en définitif Président de la République d'Haïti.

Grand pouvait être votre désintéressement, vous resteriez Président, pour le bonheur de vos concitoyens à ce poste élevé qu'ils ne sauraient confier qu'à vous !

Persuadés que l'œuvre de la pacification que vous poursuivez avec énergie, continuera jusqu'au dernier repli du territoire haïtien, tout en souhaitant ardemment que la cause toute de justice qui marche à la victoire, finira par ramener sous nos drapeaux, tous ceux-là qui sont encore pressés et accroupis sous le despotisme inauguré par les usurpateurs des 16 octobre et 16 décembre dans la ville de Port-au-Prince.

Avec nos sentiments les plus purs, nous vous prions d'agréer nos respectueuses salutations.

Suivent les signatures :

LIBERTÉ   ÉGALITÉ   FRATERNITÉ
RÉPUBLIQUE D'HAÏTI.

Pont Sondé, le 4 juin 1889.

GARNISON ET POPULATION DE PONT SONDÉ

Au général Hyppolite, Président provisoire de la République d'Haïti.

PRÉSIDENT,

Animé du même sentiment que nos frères de la ville des Gonaïves et de Saint-Marc pour votre honorable personne, nous venons avec toute la spontanéité que notre devoir de patriotes nous commande, vous proclamer, par le propre mouvement de notre cœur, Président définitif de la République d'Haïti.

Nous aimons à croire, Président, que vous accueillerez notre hommage et notre vœu, étant prouvé que votre patriotisme est un sûr garant pour l'avenir de notre patrie.

Nous nous souscrivons, Président, avec le plus sincère dévouement, et demeurons vos très humbles et obéissants serviteurs.

Suivent les signatures :

Manifestation de la population de Dessalines

LIBERTÉ   ÉGALITÉ   FRATERNITÉ

RÉPUBLIQUE D'HAÏTI.

Aujourd'hui six juin mil huit cent quatre-vingt neuf, an 86ᵉ de l'Indépendance, à huit heures du matin.

Considérant que l'état d'anarchie dans lequel se trouve le pays, fait l'obligation aux vrais patriotes de penser à l'organisation du Gouvernement définitif de la République, afin de faire cesser cet état provisoire et permettre à chacun d'avoir confiance;

Considérant que le général Hyppolite, ancien Secrétaire d'État, Sénateur de la République, et ancien membre de différents Gouvernements provisoires, actuellement Président provisoire de la République, par ses vertus civiques, son désintéressement et son courage, réunit les aptitudes nécessaires pour commander le pays, auquel il a fourni des preuves incontestables de son rare patriotisme. La population de l'arrondissement de Dessalines, ainsi que les fonctionnaires civile et militaires dudit arrondissement, dans le but de conjurer l'orage qui gronde dans le pays, et d'enrayer les funestes effets de la guerre civile qui déchire le sein de la Patrie et compromet son autonomie; après avoir pris communication des pièces qui lui ont été soumises concernant l'élection de ce citoyen et dont leurs teneurs sont conformes au désir par elle manifesté dans l'adresse du trente mai expiré, adressée au Conseiller provisoire aux départements de la Guerre et de la Marine.

Déclare s'associer aux vœux de celle des arrondissements du Département, en proclamant le général de division Hyppolite actuellement Président provisoire, — à la haute fonction de Président définitif de la République d'Haïti, espérant que les mandataires de la Nation viendront, par des actes ultérieurs, donner leur consécration à cet acte de la volonté populaire.

En foi de quoi, ils ont dressé et signé le présent acte les jour mois et an que dessus.

Suivent les signatures :

LIBERTÉ   ÉGALITÉ   FRATERNITÉ
RÉPUBLIQUE D'HAÏTI

Proclamation des habitants de l'Arrondissement du Mirebalais

Considérant que pour rendre témoignage aux vertus civiques et aux sentiments désintéressés du général Hyppolite, Président provisoire de la République ;

Considérant que cet honorable citoyen a rendu de grands services à notre malheureuse patrie, dès le jour qu'il s'est offert pour s'opposer aux gens qui n'ont rêvé que sa ruine en s'emparant du pouvoir pour assouvir leurs passions, et connaissant avec quel tact et quelle intelligence il a rempli la délicate et pénible mission que nous lui avons confiée ; et, pour prévenir le retour des faits malheureux qui ont survenu à Port-au-Prince dans la nuit du 28 septembre de l'année dernière, nous avons pensé que personne plus que le général Hyppolite qui, né dans le peuple, ne rêve que le bonheur de ce pays, n'a droit à notre attention.

En conséquence, nous, habitants du Mirebalais, nous avons proclamé et nous proclamons tant devant Dieu que devant la Nation, le général Hyppolite, Président de la République.

Nous jurons et nous promettons de répandre la dernière goutte de notre sang pour la défense de son Gouvernement.

Vive le Président d'Haïti,
Vivent les institutions,
Vive Haïti libre et indivisible.

Donné à Mirebalais, le 6 juin 1889, an 86° de l'Indépendance.

Suivent les signatures :

LIBERTÉ   ÉGALITÉ   FRATERNITÉ

RÉPUBLIQUE D'HAÏTI

Terre-Rouge, 8 juin 1889, an 86° de l'indépendance,
La 3° division cantonnée en ce lieu.

A son Excellence le Président de la République, en marche.

Président,

Heureuse d'apprendre que la Révolution, pour couronner vos heureux efforts, vient de vous décerner le titre définitif de Président de la République d'Haïti, la 3° division, dont le commandement est confié au Général F. Guilbaud, vous adresse cet acte, vraie expression du bonheur qu'elle ressent de cette nomination d'où sortira, à coup sûr, la prospérité du pays.

Soutenue par l'affection de tous, protégée par la main providentielle et mue toujours par le même dévouement, par le même sentiment patriotique, votre Excellence ouvrira certainement à la Patrie une ère nouvelle de prospérité, de régénération.

Puisse l'Éternel vous faire voir de longs jours heureux et seconder les aspirations élevées qui vous animent, pour établir sur une base solide et durable, la *Paix* et l'*Unité* nationale en Haïti.

Nous vous prions, Président, d'agréer l'hommage de notre dévouement sur lequel vous pouvez compter.

Suivent les signatures :

LIBERTÉ   ÉGALITÉ   FRATERNITÉ

RÉPUBLIQUE D'HAÏTI.

L'an mil huit cent quatre-vingt-neuf, et le huitième jour du mois de juin, an 86° de l'Indépendance d'Haïti.

Nous, soussignés, autorités civiles et militaires, officiers, sous-officiers et soldats de l'armée et les citoyens de l'arrondissement de Lascahobas, agissant sous l'impulsion et l'initiative du Général de Division Félix Sapini, délégué du Gouvernement provisoire, commandant les forces opérant dans cet arrondissement et sa convocation, à nous faite ce jour;

Considérant les services éminents qu'a rendus à sa Patrie, l'illustre général Hyppolite, Président provisoire de la République, surtout dans l'actualité où il met toute sa constance et son entier dévouement pour sauver l'autonomie d'Haïti, compromise ;

Considérant que tout service mérite une rémunération ;

En conséquence, nous soussignés, déclarons, en face de Dieu et devant la volonté unanime de la population et de l'armée de cet arrondissement, proclamer le Général Florvil Hyppolite, Président définitif de la République d'Haïti.

 Vive l'Union,
 Vive Haïti, uni et indivisible,
 Vive le Président Hyppolite.

Suivent les signatures :

LIBERTÉ   ÉGALITÉ   FRATERNITÉ
RÉPUBLIQUE D'HAÏTI

Aujourd'hui neuvième jour du mois de juin, mil huit cent quatre-vingt-neuf, an quatre-vingt-sixième de l'Indépendance d'Haïti.

Nous, fonctionnaires civils et militaires et tous les citoyens notables de la commune de Plaisance, déclarons en face de Dieu et des hommes que nous nommons le Général Hyppolite, Président de la République d'Haïti, en récompense des grands services que ce noble citoyen a rendus à la Patrie, et nous lui promettons obéissance et fidélité ; en foi de quoi, avons dressé le présent acte d'adhésion, les jour, mois et an que dessus et avons signé.

Suivent les signatures :

LIBERTÉ   ÉGALITÉ   FRATERNITÉ

RÉPUBLIQUE D'HAÏTI.

Môle Saint-Nicolas, 12 juin 1889, an 86ᵉ de l'Indépendance.

ADRESSE

LA POPULATION DE L'ARRONDISSEMENT DU MÔLE SAINT-NICOLAS

Au

Président provisoire de la République.

PRÉSIDENT,

Lorsque le 27 novembre de l'année dernière par un vote unanime, les trois départements protestataires vous ont confié la haute direction de leurs affaires, c'est qu'ils étaient convaincus des sentiments qui vous animent pour le bien-être moral et matériel du pays, et qui vous ont toujours guidé dans la voie de la justice, du droit et de l'équité : Témoin votre gestion présidentielle depuis que vous êtes placé à la tête du Gouvernement de la protestation. — Votre politique de sagesse et de fermeté, de modération et de résolution, la marche progressive que vous avez imprimée à la Révolution sont autant de faits qui vous recommandent à la haute attention du pays entier et à l'estime de vos concitoyens.

Pleins de confiance en votre honorabilité et en votre désintéressement, nous déclarons nous unir de cœur et d'âme à la vaillante population des Gonaïves d'accord avec celle de Saint-Marc en vous proclamant Président définif de la République d'Haïti. Complez, Président, sur le serment que nous vous prêtons en ce moment de notre dévouement et de notre fidélité à Votre Excellence, et sur les vœux fervents que nous formons en commun pour la conservation de vos précieux jours et pour le parfait triomphe des principes que nous défendons.

Dans ces sentiments, nous avons l'honneur de nous souscrire, Président, de Votre Excellence les très humbles et dévoués serviteurs.

Suivent les signatures :

LIBERTÉ   ÉGALITÉ   FRATERNITÉ
RÉPUBLIQUE D'HAITI

HYPPOLITE
Président provisoire de la République.

ADRESSE

A L'ARMÉE ET A LA POPULATION DE SAINT-MARC

Citoyens et soldats,

S'il est dans la vie d'un patriote, un moment vraiment heureux et qui le console de sacrifices qu'il a fait à son pays, c'est certes lorsque le peuple, par un de ces élans qui viennent du cœur, lui manifeste publiquement sa confiance et sa sympathie.

Aussi, combien n'ai-je pas été ému en recevant, par votre députation, l'acte généreux et plein d'enthousiasme dans lequel la noble cité de Saint-Marc et sa valeureuse armée qui défend nos institutions m'ont acclamé comme président de la République.

L'armée est actuellement l'expression la plus vive de la nation. Elle ne se compose pas seulement de nos régiments de ligne, dont les cadres ont été malheureusement bouleversés, mais encore de toute la masse des citoyens qui, pour la défense de notre sainte cause, ont formé les vaillants corps de volontaires dont la bravoure et le civisme ont infligé tant de terribles leçons à nos adversaires. Tout ce qui vient de cette armée est donc double fois respectable. Il est possible que les pouvoirs légalement constitués trouvent sage et opportun de sanctionner l'acte que vous venez de faire si spontanément, en me confiant le mandat de la première magistrature de la République.

Ce sera pour moi un grand honneur et une grande satisfaction, car la volonté nationale librement exprimée, sera toujours mon guide et ma boussole.

Mais, quoiqu'il arrive, je n'oublierai jamais votre acclamation enthousiaste qui est la preuve éloquente d'une confiance qui m'honore.

Vivent les Institutions !

Vive l'ordre !

Vivent l'armée et la population de Saint-Marc !

Donné au Cap-Haïtien le 7 juin 1889, an 86e de l'Indépendance.

HYPPOLITE.

Toutes les autres réponses aux diverses adresses des populations protestataires furent faites dans le même sens.

Quand le général Hyppolite laissa le Cap, après cinq jours de repos, il se rendit à la Grande Rivière du Nord, et de là à Hinche, après avoir visité Dondon, Saint-Raphaël et Pignon. C'est pendant son séjour à Hinche, où il rencontra le général Nord Alexis et sa vaillante armée, qu'il rendit le décret suivant [1] :

LIBERTÉ   ÉGALITÉ   FRATERNITÉ

RÉPUBLIQUE D'HAITI

DÉCRET

LE GOUVERNEMENT PROVISOIRE

Attendu que l'importance économique et politique des Communes de Hinche et de Vallière augmente chaque jour, de manière que l'organisation administrative laisse actuellement beaucoup à désirer.

Attendu que la trop grande étendue de ces deux communes empêche que les autorités qui y sont constituées puissent les administrer fructueusement pour le pays, en y exerçant un contrôle suffisant ;

---

1. Ce qui avait facilité l'occupation de Hinche et de Vallière aux troupes de l'Ouest, c'était la promesse faite à ces deux communes de les ériger en arrondissements. Une raison politique imposa donc au gouvernement provisoire de rendre sans plus tarder ce décret dont se réjouirent les habitants de Hinche et de Vallière, qui voyaient ainsi satisfait leur désir d'ailleurs bien juste.

Attendu qu'il y a urgence de mettre fin à cet état de choses absolument préjudiciable aux intérêts privés et au bien public ;

De l'avis du Conseil d'État,

Décrète :

Art. 1er. Les communes de Hinche et de Vallière sont érigées en arrondissement de quatrième classe.

Art. 2. Le présent décret sera publié et exécuté à la diligence du conseiller chargé du Département de l'Intérieur.

Donné à Hinche, le 15 juin 1889, an 86e de l'Indépendance.

HYPPOLITE.

Par le Président :
Le conseiller chargé du Département de l'Intérieur,

NORD ALEXIS.

Continuant sa marche par Maïssade, Saint-Michel, La Marmelade, Ennery, le général Hyppolite, arriva aux Gonaïves le 20 juin. Il rendit en cette ville le décret suivant que nécessitait la rareté de la monnaie divisionnaire :

LIBERTÉ   ÉGALITÉ   FRATERNITÉ

RÉPUBLIQUE D'HAITI

DÉCRET

LE GOUVERNEMENT PROVISOIRE

Considérant que la rareté de la monnaie divisionnaire

paralyse absolument les transactions commerciales, et qu'il importe de remédier à cet état de choses,

De l'avis du Conseil d'État,

Décrète :

Article 1er. Une émission de deux cent vingt-cinq mille piastres en billets de 10, 25 et 50 centimes dont

25,000 piastres en billets de 10 centimes.

100,000 piastres en billets de 25 centimes.

100,000 piastres en billets de 50 centimes.

sera effectuée dans le but de faciliter le commerce et les dépendances du service public.

Article 2. Ces billets auront cours légal dans toute l'étendue de la République pour leur valeur respective.

Article 3. Ils seront garantis, signés et retirés de la circulation de la même façon que les billets de *une* et de *deux* gourdes émis en vertu du décret du 14 mars de la présente année.

Article 4. Le présent décret sera publié et exécuté à la diligence du Conseiller au département des finances et du commerce.

Donné aux Gonaïves, le 22 juin 1889, an 86e de l'Indépendance.

HYPPOLITE

Par le Président ;

Le Conseiller au département des finances et du commerce,

ST. M. DUPUY.

Après un séjour de quelques jours aux Gonaïves, le général Hyppolite partit pour Saint-Marc, but de son voyage. Il avait hâte d'arriver en cette ville afin d'y établir son quartier général, et de permettre au Ministre de la guerre, le général Mompoint jeune, d'aller diriger à Mirebalais les opérations contre le Port-au-Prince.

C'est donc à Saint-Marc que le président provisoire resta jusqu'à la fin de la guerre.

LIBERTÉ   ÉGALITE   FRATERNITÉ

RÉPUBLIQUE D'HAITI

DÉCRET

LE GOUVERNEMENT PROVISOIRE

Considérant que, par leur étendue territoriale, autant que par le développement du travail et l'accroissement des populations, bien des localités du pays ont acquis une importance qui réclame impérieusement une organisation nouvelle ; que c'est dans cet ordre d'idées que les communes de Vallière et de Hinche ont été érigées en arrondissements.

Considérant qu'il est du devoir des Pouvoirs publics de tenir compte des besoins nouveaux des populations, de les entourer de toute leur sollicitude et de faciliter leur développement ;

Considérant que pour obtenir tous les avantages que les habitants de Hinche et de Vallière doivent tirer du décret du 14 juin dernier, il importe d'ériger en communes les quartiers de Maïssade, de Cerca-la-Source et de Carice ;

Considérant que les communes de Plaisance, de la Grande-Rivière du Nord, de Bombardopolis et des Vérettes sont trop vastes et trop populeuses pour continuer à progresser dans leur état actuel, et que les quartiers de Pilate, de Ranquitte, de la Baie de Henne et de la Chapelle, tant par leur éloignement des bourgs dont ils relèvent que par leur importance spéciale, méritent d'être érigées en communes.

De l'avis du Conseil d'État,

Décrète :

Art. 1er. Les quartiers de Maïssade, de Cerca-la-Source et de Carice, dans les communes de Hinche et de Vallière, et ceux de Pilate, de Ranquitte, de la Baie de Henne et de la Chapelle, dans les communes de Plaisance, de la Grande-Rivière du Nord, de Bombardopolis et des Vérettes sont érigés en communes de cinquième classe.

Art. 2. Le présent décret sera publié et exécuté à la diligence des Conseillers chargés des différents départements ministériels, chacun en ce qui le concerne.

Donné à St-Marc le 3 juillet 1889, an 86e de l'Indépendance.

HYPPOLITE.

Par le Président provisoire de la République :
Le Conseiller chargé du service des départements de la guerre et de la marine,
MOMPOINT Jeune.

Le Conseiller chargé du service des départements des relations extérieures, de l'agriculture et des cultes,

A. FIRMIN.

Le Conseiller chargé du service des départements de la justice et de l'instruction publique et par intérim celui de l'intérieur,

Titus PÉLISSIER.

Le Conseiller chargé du service des finances et du commerce,

St.-M. DUPUY.

ORDRE DU JOUR

LE CONSEILLER

Chargé des Départements de la Guerre et de la Marine

AU PEUPLE ET A L'ARMÉE

Concitoyens,

La Révolution qui marche de victoire en victoire touche maintenant à sa fin.

La Croix-des-Bouquets est occupée par nos troupes.

Informé de nos projets d'attaque, l'ennemi qui, aujourd'hui, a conscience de sa faiblesse et de notre force, a lâchement abandonné cette position sur laquelle Légitime comptait tant pour continuer ses infamies. Nombre de citoyens de cette localité, parmi lesquels se trouvent le commandant de la commune, le docteur Demosthènes Lespinasse, Paul-Émile Bellenton, Agénor Poyau, Ulysse

Renizau, Semexant Innocent, se sont rangés sous notre bannière.

Citoyens, l'heure sonne où vous aurez la preuve que ceux qui défendent la liberté et la justice triomphent toujours.

Soldats,

Le Gouvernement provisoire vous félicite de la conduite fière et imposante que vous avez si bien tenue. Encore un coup vos drapeaux flotteront dans Port-au-Prince ! Encore un coup vous retournerez chez vous satisfaits d'avoir défendu votre pays menacé et d'avoir prouvé qu'on ne viole pas impunément vos droits !

Vive le Président provisoire de la République !

Vive l'Indépendance nationale !

Vive l'Armée !

Donné à St-Marc, le 2 juillet 1889, an 86e de l'Indépendance.

MOMPOINT, jeune.

ADRESSE

LE GOUVERNEMENT PROVISOIRE

A la population de Port-au-Prince.

Concitoyens,

Voilà bientôt une année que la République trébuche dans les horreurs de la guerre civile !

Lorsque la ville du Cap eut levé l'étendard de la Révolution du 5 août et que Port-au-Prince y répondit le 10, en précipitant l'embarquement du général Salomon, les patriotes respirèrent, tous les cœurs se sentirent dilater au souffle de la liberté. Il semblait que la communauté des aspirations et des sentiments ainsi que la conformité des principes révolutionnaires devaient nous conduire à l'établissement d'un ordre de choses stable, basé sur le droit et la justice. Nul ne pouvait s'attendre aux compétitions qui ont abouti à la triste nuit du 28 septembre.

L'ambition du pouvoir et les passions politiques ont malheureusement fait dévier le mouvement générateur qui avait affranchi le pays de la tyrannie. Au lieu d'attendre que le suffrage national, régulièrement manisfesté, eût désigné le chef appelé à présider la République, on recourut à un coup de main dont le général Séïde Thélémaque, surpris et trahi, a été l'héroïque victime.

Ceux qui avaient poussé à cette action honteuse et criminelle, n'avaient point réfléchi sur ses conséquences. Ils comptaient sur l'inertie du peuple et sur la complicité de l'opinion publique qu'ils croyaient pouvoir fausser, en colorant mensongèrement leur noir attentat. Mais les trois Départements du Nord, de l'Artibonite et du Nord-Ouest, suivis plus tard par l'important arrondissement de Jacmel, protestèrent spontanément contre le crime du 28 septembre.

Les criminels, loin d'écouter les cris de la conscience nationale, eurent recours à la ruse et à l'audace. Pour vous porter à les soutenir quand même, ils agitèrent astucieusement la question de localité ; ils travestirent l'idée des protestataires, en ébruitant que ceux-ci n'étaient restés en armes que pour venger dans le sang des port-au-princiens et dans le sac de la Capitale, la mort du regretté général Séïde Thélémaque. Cette calomnie, ourdie par les fauteurs du 28 septembre, a fait les plus grands torts à la Patrie. C'est grâce à elle qu'on a vu le crime appuyé par des citoyens dont le passé est plein de belles actions, mais qui n'ont eu en vue que le salut de leur cité, de la capitale du pays, qu'on montrait menacée de toutes les vexations ; c'est à elle qu'on doit les neuf mois d'une lutte sanglante et meurtrière dont l'ambition de M. Légitime a été la cause unique.

Cependant la ville de Port-au-Prince où se trouvent beaucoup de citoyens intelligents, n'a pas tardé à voir clair dans la situation. Alors, ne pouvant plus mener par le mensonge cette ville éclairée, M. Légitime, pour conserver un pouvoir usurpé, entreprit de la mener par la force en y faisant peser la plus intolérable tyrannie : c'est ainsi, concitoyens, que vos hommes les plus remarquables ont été inquiétés, et que la plupart ont été obligés d'abandonner leurs foyers pour fuir les colères du despote.

A l'aide d'un tel régime, l'usurpateur a pu se maintenir et progresser durant quelque temps, avec une apparence de force bien faite pour en imposer ; mais Dieu qui protège toujours les causes justes, n'a point abandonné la nôtre. Du moment que nos armées ont pu se procurer les éléments indispensables pour la lutte, elles ont marché de victoire en victoire, faisant reculer devant elles les drapeaux de l'usurpation.

Concitoyens du Port-au-Prince, nous voilà dans la plaine de Cul-de-Sac, presque aux portes de votre ville. Il est temps que tous les malentendus cessent ; il est temps de vous affranchir des influences qui vous ont tenus jusqu'ici sous la bannière du crime. Le Gouvernement provisoire n'entend pas entrer à la capitale pour venger la mort d'un homme, mais bien pour reprendre le programme de liberté, de justice et de moralité politique préconisé par la Révolution du 5 août, programme que tout le pays a applaudi en coopérant à la chute du général Salomon, et qu'a traitreusement travesti l'homme du 16 octobre et du 16 décembre.

Unissez-vous donc à nous pour mettre fin à la guerre civile.

La capitale de la République ne saurait appartenir à une population restreinte : elle appartient à tout le pays, et tout le pays doit avoir souci de sa conservation. Voilà la vérité. Ceux donc qui disent que les armées du Gouvernement provisoire doivent incendier et saccager Port-au-Prince, les calomnient ; c'est une machiavélique combinaison.

Vous ne vous laisserez pas prendre indéfiniment à leurs manœuvres insensées. D'ailleurs, comment pourrait-on penser à venger sur Port-au-Prince le crime du 28 septembre quand les principaux auteurs, sentant venir l'heure du châtiment, ont tous fui la capitale en n'y laissant que les innocents et les inconscients ? Le peuple de Port-au-Prince sera-t-il assez peu clairvoyant pour continuer à aider M. Légitime dans sa fureur de gouverner, lorsque tous ses anciens complices sont partis pour l'étranger avec l'or qu'ils ont sucé de la caisse publique ? C'est impossible.

Le Gouvernement provisoire garantit à chacun sa liberté et ses intérêts. Déjà amnistie pleine et entière est accordée à tous ceux qui se rallient à notre cause. Cette amnistie sera respectée à la capitale, comme elle l'a été partout ailleurs. La modération et l'humanité avec lesquelles ont été traités les principaux lieutenants de M. Légitime, que le sort de la guerre a jeté entre nos mains, tels que les généraux Antoine Pollas, Boisrond Jean, François Pierre dit Major, le Dr Dorsainville et tant d'autres qui sont maintenant dans nos rangs, prouvent surabondamment que nos actes ne sont inspirés par aucun esprit de vengeance.

La ville de Port-au-Prince et ses habitants n'ont rien à craindre de l'approche des armées du Gouvernement provisoire. Nous venons pour mettre l'ordre, non le désordre, pour protéger vos personnes et vos biens et non pour les frapper, pour sauver et non pour détruire.

LEVEZ-VOUS DONC, PORT-AU-PRINCIENS !

Faites sentir à l'usurpateur que son despotisme n'a pas tué en vous jusqu'à la dernière fibre du patriotisme, jusqu'au dernier vestige de l'énergie citoyenne.

C'est au nom de la patrie que le gouvernement provisoire vous adjure de chasser de votre sein l'homme égoïste et sans foi, qui aime mieux exposer tout un peuple aux horreurs de la guerre civile, plutôt que de renoncer à son ambition de nous gouverner en despote tout-puissant.

   Vive la Population de Port-au-Prince !
   Vive la Paix !
   Vivent les Institutions !
   Vive l'Union !

Donné à Saint-Marc, le 5 juillet 1889, an 86° de l'Indépendance.

HYPPOLITE.

LIBERTÉ ÉGALITÉ FRATERNITÉ
RÉPUBLIQUE D'HAÏTI

DÉCRET

LE GOUVERNEMENT PROVISOIRE

Considérant que le général F. D. Légitime, ayant usurpé le pouvoir avec la connivence d'une minorité de Constituants, et malgré la protestation de trois Départements sur les cinq qui composent la République, n'a jamais été légalement revêtu du caractère de Président d'Haïti ;

Considérant que vingt-huit anciens Constituants réunis à Port-au-Prince, le 28 janvier dernier, sans aucun mandat, et en usurpant le titre d'Assemblée nationale, ont illégalement voté un décret par lequel ils autorisent le soi-disant Gouvernement du général Légitime à conclure tous les emprunts, même à l'Étranger, jusqu'à concurrence de quatre millions de piastres ou à émettre une somme d'un million de gourdes en papier-monnaie.

Considérant que ce décret illégal est de nature à compromettre les plus chers intérêts du pays, en livrant la fortune publique en proie aux agioteurs et aux spéculateurs politiques, qui ont provoqué la guerre civile et qui y cherchent les moyens de la continuer au mépris de tout patriotisme.

De l'Avis du Conseil d'État,

Décrète ce qui suit :

Art. 1er. Le Décret du 28 juin 1889 de la prétendue Assemblée nationale siégeant à Port-au-Prince, est considéré comme nul et non avenu.

Art. 2. Tout contrat formé en vertu de ce décret, à l'étranger ou dans le pays, sera rejeté par la Nation pour défaut d'autorisation.

Aucun billet de caisse émis en vertu du même décret ne sera reçu au trésor public, et le détenteur en subira la perte sans avoir droit à aucune réclamation.

Art. 3. Le présent décret sera imprimé, publié et exécuté, à la diligence du Conseiller au Département des finances.

Donné à Saint-Marc, le 8 juillet 1889, an 86e de l'Indépendance.

HYPPOLITE.

Par le Président provisoire de la République :

Le Conseiller chargé du service des départements des finances et du commerce,

St-M. DUPUY.

LIBERTÉ   ÉGALITÉ   FRATERNITÉ

RÉPUBLIQUE D'HAÏTI

ORDRE DU JOUR

HYPPOLITE
Président Provisoire de la République

AU PEUPLE ET A L'ARMÉE

CITOYENS ET SOLDATS !

Après quatre heures d'un combat acharné, l'intrépide général Jean Jumeau, à la tête de nos vaillantes colonnes opérant contre l'Acahaie, a enlevé les remparts de Williamson, après avoir mis en déroute les troupes du général Légitime, qui ont fui dans le plus grand désordre. Nous n'avons eu à déplorer que trois morts et cinq blessés.

L'ennemi qui croyait cette position inexpugnable nous portait le défi d'aller l'y attaquer et jurait pompeusement que pas un de nos soldats n'en serait revenu. Il comptait sans la bravoure des troupes qui combattent sous la bannière du Gouvernement provisoire et dont le courage, stimulé par la sainteté de notre cause, sera toujours au-dessus de tous les obstacles.

Williamson domine toute la riche plaine de l'Arcahaie dont il est la clef, du côté de l'Artibonite. Cette position une fois enlevée, nos forces ne peuvent rencontrer de résistance sérieuse que devant les remparts de Port-au-Prince. Déjà toutes les populations environnantes commencent à se rallier autour du drapeau protestataire :

elles étaient depuis longtemps impatientes de recevoir nos troupes dans leur sein et de sympathiser avec elles.

CONCITOYENS !

La ville de Port-au-Prince va être enfermée dans un cercle de fer. Par la jonction des colonnes du général Jean Jumeau avec celles des Conseillers Mompoint et Nord Alexis, qui couvrent déjà toute la plaine du Cul-de-Sac, jusqu'à la Croix-des-Missions, nous aurons plus de douze mille hommes devant les murs de la Capitale. Le Gouvernement provisoire, dont le patriotisme égale la fermeté et l'énergie, emploiera tous les moyens raisonnables, afin d'éviter que Port-au-Prince ne soit enlevé d'assaut ; mais si l'intelligente population de cette ville reste sourde à tout appel et continue à mettre l'ambition personnelle du général Légitime au-dessus des plus chers intérêts de la nation, nos forces victorieuses sauront faire leur devoir.

CITOYENS ET SOLDATS !

Il est temps que finisse cette guerre désastreuse dont le pays gémit depuis plus de neuf mois. Resserrons nos rangs et préparons-nous à un dernier effort, pour déraciner l'usurpateur du sol de la Patrie qu'il est indigne de fouler.

Vive l'armée !
Vive les Institutions !
Vive l'ordre !
Vive Haïti une et indivisible !

Donné à Saint-Marc, le 9 juillet 1889, an 86e de l'Indépendance.

HYPPOLITE.

LIBERTÉ   ÉGALITÉ   FRATERNITÉ

RÉPUBLIQUE D'HAÏTI

ORDRE DU JOUR

HYPPOLITE

Président Provisoire de la République

AU PEUPLE ET A L'ARMÉE

CITOYENS ET SOLDATS !

Par suite des brillants faits d'armes de nos troupes à Williamson, où elles ont enlevé cinq pièces de canon à l'ennemi, et la prise d'assaut de la fameuse position de « Frères » les Communes de l'Arcahaie et de Pétion-Ville [1] se sont ralliées au Gouvernement provisoire en protestant contre Légitime.

Les colonnes du général Barjon à la Croix-des-Bouquets ont opéré leur jonction avec celles du général Jean Jumeau, à l'Arcahaie, de manière que la ville du Port-au-Prince se trouve absolument investie.

1. En annonçant la reddition de Frères, le général Vilbrun Guillaume qui en prit possession, reçut un adjoint de la place de Petion-Ville qui l'invitait à continuer sa marche pour ce bourg où, disait-il, il n'y avait aucune garnison. Le général Vilbrun annonça donc au Président Hyppolite, en même temps que l'occupation de Frères, celle de Petion-Ville, et c'est pourquoi l'ordre du jour du 11 juillet mentionne que Petion-Ville s'est ralliée à la Révolution. Mais au moment de lever la marche pour ce bourg, le général Guillaume se ravisa, croyant à un piège, et voulut attendre les ordres du général Nord Alexis, son chef immédiat. C'est ainsi qu'on eut le temps de fortifier Petion-Ville et d'y résister longtemps après aux troupes de la Révolution.

L'importante commune de Saltrou dans l'Arrondissement de Jacmel, s'est prononcée depuis le 8 de ce mois contre l'usurpateur. Déjà Marigot et Jacmel ont dû se lever également.

Avant huit jours la guerre civile aura pris fin. Tout le pays a manifesté sa volonté ; il faut que Légitime s'embarque.

    Vive l'ordre !
    Vivent les Institutions !
    Vive l'Union !
    A bas Légitime.

Donné à Saint-Marc, le 11 juillet 1889, an 86e de l'Indépendance.

        HYPPOLITE.

Sous les ordres des Frères Rabel, la ligne militaire de Saltrou et de Grand-Gosier s'était mise en armes, en faveur du Nord, ce qui valut l'incendie complet par le général Dardignac, un des chefs légitimistes, des bourgs de Grand-Gosier et de Saltrou. Le Président Hyppolite fit, sur ces points, une expédition de troupes qui devait concourir à l'occupation de Jacmel. Cette expédition se fit par mer, et la vue des bateaux de la Révolution par les villes du Sud, fit comprendre aux populations de ce département que le moment était venu pour elles de se prononcer.

La ville des Cayes donna le signal, le 29 juillet. Ce mouvement, soutenu par les troupes, armes et munitions arrivés de Saint-Marc le jour même, se propagea en peu de temps dans tout le Sud, à mesure que s'avançait l'armée révolutionnaire conduite par le général A.-F. Antoine Simon.

LIBERTÉ ÉGALITÉ FRATERNITÉ
RÉPUBLIQUE D'HAITI

Aujourd'hui vingt neuf du mois de Juillet, à dix heures du matin, les soussignés officiers, fonctionnaires civils et militaires se sont réunis sur la Place d'Armes, et en face de Dieu et des hommes, ont déclaré se lever pour rétablir la paix dans le pays, paix qui n'est possible qu'avec l'éloignement du pouvoir du général Légitime ;

Considérant que des sacrifices considérables ont été déjà faits sans pouvoir amener le général Légitime à un acte de patriotique abnégation.

Considérant que cette situation ne peut plus se régler désormais que par une levée générale de boucliers, les sus-dénommés prennent Dieu à témoin de leur résolution, et déclarent ne devoir déposer les armes que quand le seul obstacle à la paix, le général Légitime, aura disparu de la scène politique.

Il est en outre décidé que le présent sera soumis à l'adhésion de toutes les communes du Département du Sud.

Déclarons reconnaître pour notre chef militaire le général ANTOINE SIMON, commandant de cet arrondissement, et faire cause commune avec le Nord.

En foi de quoi la présente résolution a été signée, les jour, mois et an que dessus.

(Signé) D, S. Rameau, Ph. Argant, Pétion Pre. André, Jn.-B. Dartigue, G. L. Durocher, Moléus Douyon, Ene. Claude, P. Lespès, P. Morpeau, Modé, D. Longchamp, Pétion Théard, Emile Rameau, N. Jn.-Jacques, Agénor, F.

Duret, Jh. Dartigue, Jules Philippe, Magnan, Dr. A. Auguste, M. Calixte, Nicolas fils, C. Castor, Hollant, Célicourt Léon, E. Delerme, D. Duval fils, Pradier, Favrol, Murat Claude, L. Laraque, D. Théard, A. Cachet, L. Villefranche, Noël Cadet.

Suivent d'autres signatures.

LIBERTÉ   ÉGALITÉ   FRATERNITÉ

RÉPUBLIQUE D'HAITI

ARRÊTÉ

La Délégation du Gouvernement provisoire[1]

Considérant que, par la nouvelle situation de l'arrondissement des Cayes et en raison de son éloignement du siège du Gouvernement provisoire de la République, il est nécessaire d'y constituer momentanément un corps ayant pour mission d'assurer la marche de la Révolution et d'expédier promptement le service courant ;

Arrête ce qui suit :

Art. 1er. Un conseil administratif de neuf membres est provisoirement constitué aux Cayes. Il est composé comme suit : — du général de division Antoine Simon, commandant de l'arrondissement, Président, du citoyen Auguste Lépine, vice-président, des citoyens Dantès Rameau,

---

1. La délégation envoyée de St-Marc à la tête des troupes expéditionnaires, se confondit avec le Comité révolutionnaire des Cayes pour former un conseil administratif.

Henriquez, F. Elie, Coriolan Laforest et des généraux Louis Auguste, G. L. Durocher et Magnan, membres.

Art. 2. Le présent arrêté sera publié et affiché.

Donné en l'Hôtel de l'arrondissement des Cayes, le 29 Juillet 1889, an 86° de l'Indépendance.

Les membres de la délégation.

Pascal Elie, A. Lépine, A. Henriquez, C. Laforest et Acoune je. Président.

LIBERTÉ   ÉGALITÉ   FRATERNITÉ

RÉPUBLIQUE D'HAITI

ORDRE DU JOUR

A. F. ANTOINE SIMON

Général de division aux armées de la République, commandant cet arrondissement.

CITOYENS ET SOLDATS,

J'ai été appelé par le Gouvernement du général Légitime au commandement de cet arrondissement que j'ai tenu jusqu'à ce jour avec honneur et dévouement.

Mais combien de fois, depuis bientôt neuf mois, des murmures de voix lointaines, le frémissement des baïonnettes n'ont pas troublé nos rêves et n'ont pas mis à nu une situation ignoble et lâche à côté de la calamité historique ? Ce sang, ces larmes, pouvaient-ils encore couler à flots sans causer un exprimable étonnement ?...

Fallait-il que le fer frappât, écrasât tout sans que la justice ou la pitié pût réclamer ?

Fallait-il encourager, un jour de plus, cette politique aveugle, cruelle, provocante et sans remords de la part d'un chef qui fait tache au pays et qui est un véritable obstacle à la paix publique ?

Fallait-il courber plus longtemps nos bonnes volontés sous le poids de cette guerre insensée, dans la triste et lamentable situation où se trouvent nos familles, accepter sans murmure et tristement, avec une résignation coupable, une situation intolérable et pleine de dégoûts, — assister, enfin, froidement surtout à une si hideuse agonie de la Patrie.

Non, mille fois non.

C'est ce que vous avez tous compris et ce sont ces raisons qui ont effacé mon illusion, vaincu mon insouciance de neuf mois et m'ont déterminé à accepter la manifestation populaire que nul n'aurait pu empêcher et que le Gouvernement du général Légitime a, pour ainsi dire, fait naître, encouragé même par des mesures vexatoires et iniques pour soutenir cette lutte impie qui met le pays à deux doigts de sa perte.

Non, vous ne pouviez plus vous borner à faire des vœux stériles ; il fallait agir. — Vous l'avez fait en me faisant l'honneur de me mettre à votre tête. — Comptez fermement sur moi. —

Concitoyens,

Ces événements réveillent en nos âmes les émotions les plus douloureuses. — Il nous faut l'action, entendez-vous, l'action, toute l'action virile pour reconquérir la paix. — Mais ne l'oubliez pas, il nous faut retenir nos passions,

— toutes nos passions dans de sages limites. — Le calme doit dominer la tempête, c'est là le rôle de la raison. — Ce mouvement pacifique s'est fait sans effusion de sang. Vous avez été cléments. — Honneur à vous. — Continuez ainsi à me faciliter la tâche. —

Nos pères nous ont dit quelques souvenirs de cette grande époque où ils savaient si bien s'unir et se réunir pour nous rendre libres et indépendants. — Restons donc autonomes. — Aimons de plus en plus la Patrie, cette seule Patrie, où notre race puisse se dire réellement libre. —

Aimons nos frères que l'erreur ou le génie du mal divise. Proclamons de nouveau ces magnifiques idées de Liberté, d'Égalité, de Fraternité, si puissantes à procurer la gloire et le bonheur de tous. —

Si un jour (que Dieu nous en garde !) ce profond malaise du peuple que l'égoïsme de quelques-uns creuse de plus en plus, appelait sur notre Haïti de nouveaux bouleversements, de nouvelles perturbations, nous pourrions du moins nous en dire innocents, et nous rendre le témoignage de n'avoir contribué en rien aux malheurs de la Patrie. —

       Vive la Paix !
       Vive l'Unité Nationale !
       Vive la Révolution !

Fait aux Cayes, ce jour 29 juillet 1889, an 86e de l'Indépendance.

                         A. T. SIMON

LIBERTÉ, ÉGALITÉ, FRATERNITÉ

RÉPUBLIQUE D'HAITI

ADRESSE

La Délégation du Gouvernement provisoire

A LA POPULATION DES CAYES.

L'acte éminemment solennel que vous avez accompli hier matin vous recommande une fois de plus au pays et vous attire encore l'admiration du monde civilisé.

La délégation du Gouvernement provisoire vient vous en féliciter à son tour. En effet, chers concitoyens, vous avez compris à temps le rôle que vous aviez à remplir en présence de cette abominable guerre civile que l'ambition personnelle et la combinaison intéressée d'un groupe politique enfermé à Port-au-Prince menaçaient d'éterniser sur le sol de la Patrie commune. Vous avez compris que le moment était venu pour tous de rompre avec un prétendu pouvoir basé sur la perfidie et qui s'ingéniait à vous représenter comme un ennemi dangereux et irréconciliable la personne de chaque homme du Nord. Quelle opinion concevait-on donc de votre faculté de penser et de juger, à vous, citoyens de la première ville du département du Sud ?

L'audace du tyran a été punie d'une façon bien exemplaire. Vous avez proclamé sa déchéance pour vous ranger sous la bannière du Gouvernement provisoire de la République dirigé par l'honorable et vertueux général HYPPO-

LITE. Vous avez vu les hommes du Nord tels qu'ils sont : des patriotes qui opposent la sagesse et l'énergie à la ruse doublée du crime. Vous avez vu en eux des amis, des frères, des citoyens disposés comme vous à faire revivre nos institutions méconnues et à renverser le despotisme de quelque côté qu'il vienne. Votre conduite politique vous fait le plus grand honneur. Puisse-t-elle servir d'exemple aux autres localités qui subissent encore l'influence de l'usurpateur de Port-au-Prince.

   Vive la population des Cayes !
   Vivent nos Institutions !
   Vive Haïti libre et respectée !
   Vive le Gouvernement provisoire de la République !

Donné en l'Hôtel de l'arrondissement des Cayes, le 30 Juillet 1889, an 86ᵉ de l'Indépendance.

   Les membres de la Délégation,

Pascal Élie, A. Lépine, A. Henriquez, C. Laforest et Acoune jeune, Président.

LIBERTÉ   ÉGALITÉ   FRATERNITÉ
RÉPUBLIQUE D'HAITI

ORDRE DU JOUR

La Délégation du Gouvernement provisoire

AU PEUPLE ET A L'ARMÉE

CITOYENS ET SOLDATS,

En vous rangeant sous le drapeau de la liberté, dans les

plis duquel se trouvent la justice et le droit, par l'acte éminemment patriotique de l'énergique manifestation faite en cette ville par la vaillante population des Cayes dont le caractère chevaleresque et indépendant est connu de toute la République, vous saviez que, parti d'ici, ce mouvement populaire ne pouvait que trouver le plus grand écho dans le reste du Département du Sud, au sein des villes comme dans les montagnes, où battent aussi des cœurs élevés aux sentiments nobles et austères. —

C'est ainsi que nos voisins, l'important arrondissement d'Aquin et celui des Côteaux, ont poussé comme vous, hier, le juste cri d'indignation, en se détachant du pouvoir aussi illégal que tyrannique qu'exerce M. Légitime depuis bientôt neuf mois à Port-au-Prince par une brutalité et un cynisme sans précédents —

Ces deux arrondissements où se trouvent à l'heure actuelle, à Aquin, le général Antoine Simon, aux Côteaux, le général Saint-Far, ont juré de ne reconnaître désormais d'autre gouvernement que celui que dirige l'honorable général HYPPOLITE. — Ils sont prêts aux plus grands sacrifices pour maintenir l'intégrité de leur territoire et faire respecter leur droits : honneur à eux !

Les arrondissements de Tiburon, de Nippes et de la Grand'Anse, d'après les avis reçus, ne resteront pas sourds à notre appel. Leur passé nous donne le droit de l'espérer ; car ils ont trop souvent donné des preuves de leur grand amour pour la liberté. —

Citoyens et soldats, ayant foi !

Il n'est pas bien loin ce jour où, confondant nos voix avec celles de nos frères du Nord, nous aurons chassé de notre capitale le grand criminel, qui ensanglante la Patrie, au cri de :

    Vive la Liberté !
    Vivent les Institutions !
    Vive la Paix !
    Vive le Gouvernement provisoire !

Donné à l'hôtel de la Délégation, aux Cayes le 2 Août 1889, an 86° de l'Indépendance.

A. Lépine, F. Pascal Elie, Guillaume Durocher, Magnan, A. Henriquez, C. Laforest, L. Auguste.

LIBERTÉ   ÉGALITÉ   FRATERNITÉ

RÉPUBLIQUE D'HAITI

La délégation du Gouvernement provisoire

ORDRE DU JOUR

AU PEUPLE ET A L'ARMÉE

Citoyens et soldats,

La Révolution marche de succès en succès, et chacune de ses étapes marque la chute de l'usurpateur. C'est un torrent irrésistible qui entraîne tout avec lui et ne s'arrêtera que lorsqu'il aura purgé le sol de la Patrie de tous les éléments malsains qui l'infestent.

Un nouvel anneau vient de s'adapter à notre grande chaîne de liberté que dorent l'Egalité et la Fraternité : l'important arrondissement de Nippes coopère aussi avec nous au renversement de l'illégalité, pour le triomphe du droit et des principes sur lesquels le Gouvernement provisoire veut rasseoir notre trop malheureuse Haïti, que d'indignes enfants immolent à leur folle ambition.

Félicitons-nous donc de la conduite élogieuse de nos frères de Nippes, et resserrons de plus en plus nos rangs pour arriver au triomphe certain qui nous est reservé.

Qu'il n'y ait plus de tièdes parmi nous ! Que parmi ceux-là mêmes que des raisons personnelles ont pu tenir éloignés, nous ne voyions que des amis, des frères !

Citoyens et soldats des Cayes, et vous tous, enfants du Sud, le moment est solennel, debout et aux armes !

La patrie en pleurs tourne ses regards vers vous.

C'est sur votre courageuse résolution qu'elle compte pour la sauver.

Vive la Révolution !

Vive le Gouvernement provisoire !

Vive le Département du Sud !

Donné à l'hôtel de la Délégation, aux Cayes le 4 août 1889, an 86ᵉ de l'Indépendance.

A. LÉPINE, F. PASCAL ELIE, GUILLAUME DUROCHER, MAGNAN, A. HENRIQUEZ, C. LAFOREST, L. AUGUSTE.

LIBERTÉ   EGALITÉ   FRATERNITÉ

RÉPUBLIQUE D'HAITI

PROCLAMATION

HYPPOLITE

Président provisoire de la République

AU PEUPLE ET A L'ARMÉE

Citoyens et soldats.

La noble cause dont nous avons entrepris la défense, en protestant contre l'action criminelle du 28 septembre, touche maintenant à son triomphe.

Ce n'est plus seulement la volonté des départements du Nord, de l'Artibonite et du Nord-Ouest qui s'est manifesté contre l'infâme usurpation du général Légitime, c'est encore la moitié du département de l'Ouest, la plus importante partie du département du Sud !

Outre les arrondissements de Mirebalais et de Lascahobas, ceux de Saltrou et de Jacmel soutiennent actuellement le drapeau protestataire. Si la ville même de Jacmel est encore sous la main du monstrueux Dardignac, ce n'a été jusqu'ici qu'une affaire de haute prévoyance politique. Maintenant que toute la plaine s'est ralliée au Gouvernement provisoire, les intrépides Jacméliens, dont les sentiments sont connus, ne tarderont pas à rejeter de leur cité les derniers vestiges de l'usurpateur, en donnant la main à leurs amis à leurs parents, qui campent à deux lieues de leurs remparts.

La ville de Port-au-Prince, privée de l'Arcahaie et de la Croix-des-Bouquets, et cernée chaque jour plus étroitement ne peut se maintenir longtemps.

La ville des Cayes, capitale du Sud, où la tradition de l'honneur politique et des principes de liberté n'a jamais été oubliée, s'est héroïquement prononcée contre l'usurpateur à la date glorieuse du 29 juillet. Déjà tout l'arrondissement des Cayes, ceux d'Aquin et de Nippes ont été entraînés dans un mouvement qui ne tardera pas à gagner tout le département du Sud. Ce sont donc les sept-huitième de la République qui demandent l'effacement du général Légitime et la restauration d'un régime d'ordre, de progrès, de liberté et de moralité politique dans notre chère patrie.

Citoyens et soldats,

Lorsque, pour soutenir votre protestation, vous m'avez confié le premier poste de la lutte, je l'ai accepté sans jactance, ni faiblesse. Malgré la répulsion que j'éprouve naturellement contre toute compétition armée, j'ai senti que le devoir de tout citoyen patriote et honnête était d'appuyer une cause aussi juste que civilisatrice, et j'ai fait le sacrifice de mes sentiments personnels pour ne considérer que les hauts intérêts de la communauté.

Aussi, n'ai-je jamais désespéré, dans les plus cruelles épreuves qu'il a plu à Dieu de nous envoyer.

L'adhésion de la ville des Cayes et de trois arrondissements du Sud est aujourd'hui la plus éclatante consécration de notre cause. Jérémie ne résistera pas à ce mouvement libérateur, en concourant à prolonger la guerre civile. Malgré l'obstination insensée du général Légitime et des hommes funestes qui le secondent, il faut qu'ils courbent bientôt la tête devant la volonté nationale.

C'est donc le moment de déployer toute notre énergie et toute notre activité afin de ramener la paix dont notre malheureux pays a besoin pour cicatriser ses plaies et se reposer de la longue crise à laquelle il est en proie depuis le 5 août 1888, c'est-à-dire depuis une année !

Que chacun fasse son devoir, et la guerre prendra fin avant huit jours.

        Vive les libertés publiques !
        Vive l'Ordre !
        Vive le Progrès !
        Vive l'Union !

Donné à Saint-Marc, le 5 août 1889, an 86ᵉ de l'Indépendance.

                                  HYPPOLITE.

LIBERTÉ   EGALITÉ   FRATERNITÉ

RÉPUBLIQUE D'HAITI

ORDRE DU JOUR

La délégation du Gouvernement provisoire

AU PEUPLE ET A L'ARMÉE

CITOYENS ET SOLDATS,

Chaque jour amène un nouveau succès. La vérité doit naturellement triompher de l'erreur, le droit de l'injustice. C'est que les principes immuables qui forment la base des revendications du Gouvernement provisoire sont une émanation indiscutable du sentiment général de toute la République. La ville de Jacmel qui depuis des mois se débattait sous la force brutale de la soldatesque légitimiste, cette vaillante cité de tant de nobles cœurs, qui, en même temps que les villes du Nord, avait osé prononcer son verdict sur le coup de main aussi infâme que lâche du 28 septembre dernier, tramé et exécuté à Port-au-Prince, Jacmel vient d'être enlevée par les valeureuses troupes du Gouvernement provisoire dans la soirée du 3. L'un des principaux sicaires de Légitime, — digne esclave de son maître, — le barbare, le cruel Dardignac, avec bon nombre de ses compagnons, a payé sa témérité en y trouvant la mort.

Gloire aux délégués du Gouvernement provisoire dans les arrondissements de Jacmel et de Saltrou ! Honneur aux populations de ces communes et aux troupes expéditionnaires !

Cette nouvelle, jointe à l'adhésion des communes de Bainet et des Côtes-de-fer, à l'occupation par nos troupes du Pont de Miragôane et au ralliement prochain des arrondissements de Tiburon et de Grand'Anse marque la dernière étape à gravir.

Le général Légitime pousse peut-être en ce moment son dernier râle à Port-au-Prince. Cernée de toutes parts, la capitale doit infailliblement tomber en notre pouvoir. —

Citoyens et soldats, c'est l'heure des abnégations et des grands sacrifices. — Rallions-nous, formons un faisceau compacte et inébranlable autour du Gouvernement provisoire pour le triomphe de nos droits et le salut de la Patrie.

   Vive la liberté !
   Vive la Fraternité !
   Vive l'Union !
   Vive le Gouvernement provisoire !

Donné à l'hôtel de la Délégation, aux Cayes le 6 août 1889, an 86° de l'Indépendance.

 A. LÉPINE, F. PASCAL ELIE, GUILLAUME DUROCHER, MAGNAN, A. HENRIQUEZ, C. LAFOREST, L. AUGUSTE.

La prise de Jacmel par les troupes révolutionnaires, et la mort de Dardignac en qui étaient encore toutes les espérances de M. Légitime, portèrent celui-ci à entamer des négociations, comme on le verra par les pièces suivantes :

AU PEUPLE ET A L'ARMÉE

CITOYENS ET SOLDATS,

Monsieur Zorab, Consul général d'Angleterre, et M. Garrido, Consul d'Espagne, sont venus officieusement nous annoncer que le général Légitime, voyant que tout le pays est contre lui, désire s'effacer.

Mais les conditions qu'y met M. Solon Ménos sont tellement dérisoires et humiliantes pour notre armée que le Gouvernement provisoire n'a pu ni y souscrire, ni y répondre, sans compromettre sa dignité.

On nous demande que notre armée n'entre pas à Port-au-Prince ! Quelle audace ou quelle absurdité !

Le Gouvernement provisoire n'oubliera jamais qu'il doit entrer à la capitale pour y établir l'ordre, le respect des personnes comme des propriétés ; l'adresse qu'il a faite à la population de Port-au-Prince l'a dit assez haut. Mais il n'acceptera jamais qu'on lui impose aucune condition

Vive l'ordre !
Vive la liberté !
Vive l'union !

Donné à Saint-Marc, le 6 Août 1889, an 86° de l'Indépendance.

HYPPOLITE.

Par le Président provisoire :
Le Conseiller au Département de la Justice et de l'Instruction publique, chargé par intérim du Département de l'Intérieur.

TITUS PÉLISSIER.

Le Conseiller aux départements des Relations Extérieures, de l'Agriculture et des Cultes.

A. FIRMIN.

PROCLAMATION

HYPPOLITE
Président provisoire de la République.

AU PEUPLE ET A L'ARMÉE

Citoyens et Soldats,

La République presque entière s'est prononcée contre l'usurpation du pouvoir suprême par le général Légitime, aidé d'une tourbe de spéculateurs politiques.

Port-au-Prince seul se dresse devant la République et pense lui faire la loi !

Ces hommes qui, pendant dix mois, ont fait couler tant de sang, en même temps qu'ils dévoraient la fortune publique avec un cynisme sans précédent, refusent de lâcher prise. Acculés à leur dernier retranchement, ils osent encore afficher la plus inconcevable arrogance, en demandant au Gouvernement provisoire de s'éloigner avec ses différents corps d'armée et de les laisser maîtres de continuer leur orgie, après l'effacement de l'usurpateur.

Haitiens,

Vous avez placé votre confiance dans le Gouvernement provisoire. Port-au-Prince, en refusant d'accepter votre décision, s'insurge contre la volonté nationale. Les Cayes, Jacmel, le Cap, Gonaïves, Saint-Marc, Port-de-Paix, Aquin, Léogane, toutes les grandes villes, tout le territoire de la République ne peut se laisser faire la loi par une seule ville.

Un groupe de Port-au-Princiens veut dominer tout le Pays et nous conduire en esclaves de ses caprices et de son orgueil.

Le Gouvernement provisoire que de telles prétentions pourraient exaspérer, gardera jusqu'au bout son calme et sa sagesse ; mais il emploiera toute l'énergie nécessaire pour mettre à la raison ces hommes funestes qui semblent avoir juré la ruine de la Patrie !

La guerre a duré trop longtemps ; il faut qu'elle prenne fin. Nos troupes, qui sont restées depuis un mois dans l'inaction, en attendant que le pays eût exprimé sa volonté, reprendront leurs opérations.

La responsabilité de tous les désastres qui peuvent résulter de la prise d'assaut de Port-au-Prince, retombera sur ces politiciens dénaturés qui sont les fléaux du Pays.

Vive la République !
Vive l'Ordre !
Vive la volonté nationale !

Donné à Saint-Marc, le 10 Août 1889, an 86ᵉ de l'Indépendance.

HYPPOLITE.

Messieurs Zorab et Garrido avaient été chargés de proposer au Gouvernement provisoire, pour la fin de la guerre, les conditions contenues dans la dépêche suivante que le général Hyppolite adressa aux Conseillers Mompoint et Nord Alexis.

LIBERTÉ   ÉGALITÉ   FRATERNITÉ

RÉPUBLIQUE D'HAITI

Saint-Marc, le 7 août 1889.

HYPPOLITE

Président provisoire de la République,

Au général Nord Alexis, conseiller au département de l'Intérieur et délégué extraordinaire du Gouvernement provisoire.

Habitation Frères.

Monsieur le conseiller,

Hier, vers les 4 heures de l'après-midi, un navire de guerre espagnol est entré dans ce port, et peu après, M. le vice-consul de S. M. Britannique est venu m'annoncer que MM. Zorab, consul général d'Angleterre et Garrido, consul d'Espagne, se trouvaient à bord et avaient à me faire des communications, de la part du Gouvernement de M. Légitime. Ces consuls sont descendus à terre et ont été reçus au Palais. J'étais accompagné des conseillers Titus Pélissier et A. Firmin. Ils m'ont déclaré que les évènements qui viennent de s'accomplir dans le Sud ont déterminé M. Légitime à vouloir se retirer du pouvoir, mais qu'il attachait à sa retraite des conditions qu'ils avaient pour mission de nous soumettre. Je leur ai demandé s'ils n'étaient pas munis de pouvoirs, et ils m'ont alors communiqué une lettre de M. Solon Ménos, Secrétaire d'État des Relations Extérieures de ce Gouvernement, où j'ai vu les conditions dont il s'agit. Selon ce document, M. Légitime consentirait à abandonner le pouvoir, mais il voudrait avoir l'assurance que l'armée du Nord n'exercera aucune vengeance à Port-au-Prince. Il poserait donc comme conditions :

1° Que ses amis politiques ne seront pas inquiétés.

2° Que les troupes du Nord n'entreront pas à Port-au-Prince. M. Solon Ménos déclare encore, dans sa lettre, que si ces conditions n'étaient pas acceptées, son gouvernement considérerait le Nord comme étant guidé par des idées de vengeance, et désirant la ruine de Port-au-Prince, et il nous ferait une lutte à outrance[1].

J'ai donné l'assurance aux Consuls qu'aucun malheur n'arrivera à la ville, si elle nous ouvre ses portes pacifi-

---

1. Nous publions ci-après la lettre de M. Solon Ménos à MM. Zorab et Garrido :

quement ; mais j'ai repoussé, comme elles méritaient de l'être, les autres conditions.

Je ne sais, de retour à Port-au-Prince, quelle résolution ils suggéreront à M. Légitime ; mais, comme il est à présumer que celui-ci ne se maintiendra pas au pouvoir, il importe que dès maintenant, les chefs de l'armée révo-

St-Marc, le 5 Août 1889.

Messieurs Zorab,
Consul général de la Grande Bretagne, et Garrido, Consul de l'Espagne.

Messieurs,
Ainsi que j'ai eu l'honneur de vous le dire ce matin au nom du Gouvernement, le Président Légitime, mû par un sentiment de patriotique abnégation, consentirait à se démettre de la charge qu'une majorité régulière lui a légalement conférée, à condition que des engagements solennels ne lui laissassent aucun doute sur le sort réservé à la Capitale et à ses habitants. Il voudrait, pour se décider à un acte aussi grave, être assuré que la ville n'aura à subir aucune violence, et que les défenseurs du Gouvernement ne seront ni inquiétés, ni recherchés.

A cet effet, il importe que les troupes du Nord n'entrent pas à Port-au-Prince. Si une convention peut intervenir dans ce sens, S E. le Président Légitime donnera son adhésion à des négociations qui puissent tout arranger.

Si, au contraire, l'éloignement des forces du Nord ne peut être obtenu, la capitale se convaincra définitivement que c'est plutôt sa ruine que l'effacement du Président Légitime qu'on désire, et, dans ce cas, elle serait prête à une lutte à outrance, que, du reste, elle a encore les moyens de soutenir.

C'est dans ce but, que le Gouvernement voudrait vous voir faire, comme amis d'Haïti, des démarches préliminaires dont l'ouverture devra naturellement amener la suspension des hostilités.

Veuillez agréer, Messieurs, les nouvelles assurances de ma haute considération.

(Signé) Solon MÉNOS.

lutionnaire sachent la ligne de conduite qu'ils doivent suivre à leur entrée à la capitale.

Vous counaissez déjà, M. le conseiller, les sentiments du Gouvernement provisoire à l'égard de cette ville. Ils sont simplement exprimés dans mon adresse du 5 juillet dernier. J'entends que les familles soient protégées, les propriétés respectées. Je veux que l'ordre le plus parfait règne dans tous les rangs de l'armée et qu'il lui soit formellement interdit, sous les peines les plus sévères, d'exercer aucun acte de vengeance contre qui que ce soit. A vous et à votre collègue de la guerre et de la marine seuls il appartient, en attendant mon arrivée, de prendre, comme membres du Gouvernement, les mesures politiques et administratives que commanderont les circonstances.

Une recommandation que je dois tout spécialement vous faire, c'est de placer dans tous les postes qu'occupent vos divisions des officiers de confiance, incapables de transiger.

Vous ferez occuper toute la ligne Nord de la ville, du fort National au fort Dimanche, y compris le poste Marchand, tandis que les divisions de votre collègue de la guerre garderont le fort National, le Palais et ses environs, l'arsenal et le fort Saint-Clair.

Les autres troupes que celles du Nord seront cantonnées au fort Biszoton, au fort Mercredi, au fort du Portail-Léogane et à tels autres postes que leur aura assignés leur chef immédiat, votre collègue de la guerre.

Si, à l'entrée de l'armée au Port-au-Prince, la garnison de cette ville était encore armée, le général Mompoint

Jeune, en sa qualité de ministre de la guerre, s'adressera à l'autorité locale, en vue d'éviter tout conflit, pour en obtenir le désarmement, conformément aux conventions arrêtées entre le Gouvernement provisoire et Messieurs les consuls d'Angleterre et d'Espagne, stipulant au nom du Gouvernement de Port-au-Prince.

Je vous remets sous ce couvert une copie des conventions dont il s'agit, ainsi que l'ordre du jour que vous ferez publier.

Recevez, M. le conseiller, l'assurance de ma considération distinguée.

HYPPOLITE

M. Légitime et ses amis refusèrent de se soumettre aux conventions proposées par le gouvernement provisoire[1]. Ils jurèrent de se faire plutôt tous tuer. Ils firent remettre au Gouvernement provisoire des contre-propositions portant :

1° Effacement du général Légitime coïncidant avec l'éloignement des troupes du Nord.

2° Nomination d'une commission formée de cinq membres pour administrer les intérêts des villes de Port-au-Prince et de Pétionville, jusqu'à l'élection du Président définitif de la République.

3° Maintien de l'administration par les fonctionnaires

---

1. Il fut remis à MM. Garrido et Zorhab une note des conditions dans lesquelles le gouvernement provisoire entendait faire son entrée à la capitale. Le lecteur trouvera ces conditions dans la lettre du conseiller au département des Relations extérieures, en date du 21 août, page 201.

civils et militaires de Port-au-Prince et de Pétionville, jusqu'à l'élection du chef d'Etat.

4° Election du Président d'Haïti dans une ville autre que Port-au-Prince.

5° Le Président définitif de la République pourra entrer à la capitale avec toutes les troupes qu'il jugera convenable pour le maintien de l'ordre, en assumant toutes les responsabilités devant le peuple haïtien, l'histoire et le monde civilisé.

Ces conditions humiliantes et ridicules furent repoussées et la reprise des hostilités ordonnée.

Quelques jours après, le 20 août, Pétionville ayant cédé à une nouvelle attaque des troupes du Nord, M. Légitime expédia en toute hâte M. Thompson, le Ministre des Etats-Unis d'Amérique et M. Garrido, consul d'Espagne, avec pleins pouvoirs d'arrêter, avec le Général Hyppolite, le jour et l'heure de l'entrée des troupes révolutionnaires à Port-au-Prince. La note du 7 août était acceptée dans toute sa teneur, comme on le verra par la correspondance suivante :

Saint-Marc, le 21 août 1889.

A Monsieur le président provisoire de la République d'Haïti et ses Conseillers-Ministres,

Présents,

Monsieur le Président provisoire,
Messieurs les Conseillers.

Nous avons l'honneur de vous soumettre ci-incluse la dépêche par laquelle le doyen du corps diplomatique nous a reconnu plein pouvoir de nous entendre avec vous sur l'acceptation des propositions contenues dans la note que Monsieur le conseiller aux Relations Extérieures a remise le 7 août à Messieurs Zorab et Garrido.

Nous vous saurions gré de fixer explicitement le mode d'exécution de ladite note.

Agréez,
Monsieur le président provisoire,
Messieurs les conseillers,
l'assurance de notre considération très distinguée.

Signé : Manuel GARRIDO.

Signé : John E. H. THOMPSON.

LIBERTÉ   ÉGALITÉ   FRATERNITÉ

RÉPUBLIQUE D'HAÏTI

Saint-Marc le 21 août 1889, an 85e de l'Indépendance.

LE CONSEILLER

Chargé du service du Département des Relations Extésieures.

Messieurs,

Le gouvernement provisoire m'a autorisé à répondre à votre dépêche de ce jour qui lui est bien parvenue.

Veuillez trouver, ci-jointe, une note signée et contenant les détails du mode d'exécution de la note que j'ai eu l'honneur de remettre le 7 du courant aux honorables Messieurs Zorab et Garrido.

Agréez, je vous prie, Messieurs, l'assurance de ma considération très distinguée.

signé : A. FIRMIN.

Monsieur John E. H. Thompson, Ministre-résident des Etats-Unis d'Amérique, et Monsieur Manuel Garrido, Consul d'Espagne, à Port-au-Prince.

LIBERTÉ   ÉGALITÉ   FRATERNITÉ
RÉPUBLIQUE D'HAITI

St-Marc, 21 août 1889, an 86ᵉ de l'Indépendance.

LE CONSEILLER
Chargé du service du Département des Relations Extérieures.

Le Général Légitime, ayant accepté les contre-propositions que le gouvernement provisoire lui a faites, relativement à l'entrée des troupes du Nord et du Sud à Port-au-Prince, et ayant témoigné le désir qu'il lui soit fixé l'heure à laquelle cette entrée devra s'effectuer, afin qu'il s'efface quelques moments auparavant, il est convenu que les choses seront faites ainsi qu'il suit :

Vendredi, 23 du courant, à neuf heures du matin, la commission composée du commandant de l'arrondissement, du commissaire du gouvernement et du magistrat communal de Port-au-Prince, accompagné du Corps diplomatique et consulaire, se transportera au Pont-Rouge. Là, elle rencontrera le corps d'armée commandé par le Conseiller aux départements de la Guerre et de la Marine qui effectuera, dans l'ordre le plus parfait, son entrée en ville, par le Portail St-Joseph, et ira occuper le Fort National, le poste du Palais et ses environs, l'Arsenal et le fort Sainte Claire.

La même date, à 11 heures du matin, la même commission accompagnée comme plus haut, ira rencontrer au chemin de Lalue, le corps d'armée commandé par le Conseiller au département de l'Intérieur, qui effectuera son entrée à la capitale dans le meilleur ordre et occupera toute la ligne Nord'Est de la ville, du fort National au fort Dimanche, y compris le poste Marchand.

La même date, une heure après-midi, la même commission, accompagnée comme ci-dessus, ira prendre le corps d'armée commandé par le Général Antoine Simon, commandant de l'arrondissement des Cayes, Président de la Délégation du Gouvernement provisoire en cette ville et chef supérieur des forces du Sud et de l'Ouest opérant contre la capitale, lequel y effectuera son entrée dans le meilleur ordre et occupera le fort Bizoton, le fort Mercredi, le fort du Portail Léogane, enfin toute la ligne du Sud, et tous les autres postes que pourra lui enseigner le Ministre de la Guerre, qui aura la première autorité militaire à Port-au-Prince, jusqu'à l'arrivée du Président provisoire de la République et ses autres Conseillers.

Les munitions retirées par le commandant de l'arrondissement de Port-au-Prince des mains de la garnison de cette même ville, conformément à la note du 7 du courant, seront déposées à l'Arsenal, sous la responsabilité dudit commandant d'arrondissement qui devra en rendre compte, à la réquisition du Gouvernement provisoire.

Il est bien entendu qu'il ne s'agit pas de désarmer, c'est-à-dire de retirer les armes ; mais seulement de retirer les *munitions*, qui deviennent inutiles et même dangereuses, une fois qu'il est convenu que les troupes assiégeantes, doivent entrer *l'arme au bras* à Port-au-Prince.

Les navires de guerre haïtiens seront remis au Conseiller chargé des Départements de la Guerre et de la Marine.

Le tout sera fait loyalement et de bonne foi, sous les yeux des représentants des puissances neutres et amies, qui voudront bien nous prêter leur concours pour la dernière étape de la pacification de la République.

Signé : A. FIRMIN.

Conformément aux conditions imposées par le Gouvernement provisoire, M. Légitime s'embarqua le 22 août, dans l'après-midi, et le 23, aux heures indiquées, les différentes divisions du Nord prenaient possession de Port-au-Prince dans un ordre admirable et une discipline parfaite qui attirèrent l'admiration des étrangers et étonnèrent la ville entière [1].

---

1. Nous lisons dans *La Justice* du 5 septembre :

ENTRÉE DE L'ARMÉE DE LA RÉVOLUTION A LA CAPITALE

Une des leçons Morales de la Révolution.

La Révolution proclamée en octobre 1888 aux Gonaïves, la ville de l'indépendance, touche à sa fin. Vendredi 23 août courant, (anniversaire de l'entrée de l'armée du Nord, à Port-au-Prince sous l'immortel Général Seïde Thélémaque), le Corps d'armée commandé par le général en Chef Mompoint jeune, Conseiller aux Départements de la Guerre et de la Marine, se présenta à 7 heures du matin au Pont-Rouge, où il attendit, suivant ce qui était convenu, le Corps Diplomatique et la Commission de la Ville. A 9 heures, Messieurs les

LIBERTÉ   ÉGALITÉ   FRATERNITÉ

RÉPUBLIQUE D'HAITI

PROCLAMATION

Le gouvernement provisoire,

AU PEUPLE ET A L'ARMÉE

CONCITOYENS !

Nous avons enfin touché au terme de cette guerre insensée et désastreuse, allumée depuis onze mois dans la République par l'ambition du général Légitime.

Après la prise de Pétion-Ville par nos valeureuses trou-

honorables John E. W. Thompson, Ministre résident des Etats-Unis, et Garrido Gil, Consul d'Espagne, accompagnés de la Commission de la ville, arrivèrent et saluèrent le général Mompoint : alors ce noble corps, ces héros de Camp-Mory, de la Crête-à-Pierrot, de la Chapelle, de la Savanne La Roche, du Bac d'Aquin, etc., entrèrent à la Capitale, par le portail St-Joseph, dans l'ordre suivant :

1° Le général Turenne Jean-Gilles, Commandant en chef de la grande division volante qui a eu son cantonnement à la Croix-des-Bouquets.

2° Le général Albert Salnave, Commandant en chef de la 1re division.

3° Le général Phénix Durand, Commandant en chef de la 2me division.

4° Le général François Guilbeau, commandant en chef de la 3me division.

5° Le général Athanase Michel, Commandant en chef de la 4me division.

Le général Bellevue Riché, à la tête de la garde du Conseiller aux Départements de la Guerre et la Marine, suivant la 4e division. La garde du général Mompoint était composée des volontaires du

— 205 —

pes, l'usurpateur a senti qu'il n'y avait plus de sécurité pour lui à Port-au-Prince. A sa demande, le Corps diplo-

Cap, de St-Marc, de Port-de-Paix, de Marchand et de Port-au-Prince.

Le Conseiller Mompoint lui-même, avec son brillant état-major, se tenait un peu partout, voulant présider au maintien de l'ordre qu'il importait de faire régner. Le général Turenne Jean-Gilles se rendit au Palais, le général Albert Salvane au Fort-National, le général Phénix Durand à l'Arsenal, le général François Guilbeau au Fort-Eveillard, le général Athanase Michel au Bureau du Port, le général Bellevue Riché, à la maison Bellegrade.

Le Corps d'armée commandé par le général Nord Alexis, Conseiller au Département de l'Intérieur, effectua son entrée à la Capitale par le chemin de Lalue, à 11 heures du matin, et ces vainqueurs du Trou, de Ste-Suzanne, de la Grande-Rivière du Nord, de Pétion-Ville, marchaient dans l'ordre suivant :

Le général Jules Coicou   à la tête de la 1re division.
— Ney Pierre   — 2e —
— Vilbrun Guillaume   — 3e —
— Saint-Vil Adrien   — 4e —
— Alcide Jn-Philippe   — 5e —
— Fénélus Ls.-Charles   — 6e —
— Lorient Péralte   — 7e —
— Alexis Hyacinthe   — 8e —

Puis venait le général Cyriaque Célestin à la tête de la garde du Conseiller à l'Intérieur, garde composée du 27e régiment de ligne, des volontaires du Quartier-Morin et de la Petite-Anse, des gardes nationales du Port-Margot et du Borgne ; ensuite le Conseiller Nord Alexis avec un nombreux et brillant Etat-major de l'armée.

Le général Mombrun, Etienne-Magloire, chef de division à l'Intérieur, marchait devant le Corps diplomatique, vu que le Conseiller de ce département, en sa qualité de chef de Corps d'armée, était forcé d'avoir l'œil partout.

On se rendit d'abord au Champ de Mars, d'où les divisions allèrent occuper toute la partie Nord-Est de la ville, du Fort Eveillard au Fort Touron, y compris le Poste-Marchand et le Fort Dimanche.

La division Alcide Jn.-Philippe prit son cantonnement à la redoute du Fort Eveillard.

matique a délégué, le 20 du courant, le Ministre résident des États-Unis et le Consul d'Espagne auprès du Gouver-

La division Vilbrun Guillaume, au Fort Gomier.
La division Ney Pierre, au Fort Lamarre.
La division Lorient Péralte, au Fort Touron.
Les divisions Fénélus Louis Charles et Saint Vil Adrien, au Fort Dimanche.
La division Jules Coicou, au Poste Marchand.
Le reste du corps d'armée se tient au Palais de l'Exposition avec le Conseiller à l'Intérieur :
Le corps d'armée du Sud et de l'Ouest commandé par le vaillant général Antoine Simon, fit son entrée par le portail Léogane, à 2 heures de l'après-midi. A sa tête était le général Coteau Noël ;
Le colonel Nérestil Nérestan commandant le 1er corps de volontaires ;
Le général Auguste Joseph, la 1re division.
Le général Louis Jean-Louis, la 2e division.
Le général Alcius Dambrevil, la colonne de Nippes.
Le colonel Dorcéna, la colonne formée du 17e régiment et d'un contingent de volontaires.
Le général Dérosin Vincent, la 3e division.
Le colonel Stiverne Détournel, la colonne d'Aquin ;
Le colonel Timoléon Théard, les volontaires composant la garde du général en Chef. Celui-ci était accompagné des membres de la délégation à l'armée et d'un bon nombre d'officiers de tous grades formant son état-major ; il était assisté des généraux Joseph Moïse et Silencieux Paillère.
Inutile de dire l'ordre et la discipline observés durant toute la campagne sous la douce et ferme action du général A. Simon.
Le général Auguste Joseph se rendit au Bureau du Port ;
Le général Louis Jn.-Louis, au Fort Ste-Claire ;
Le général Alléma Sander, au fort Mercredi.
Le général St. C. Conzé, au fort Bizoton.
Le général Jn.-Pierre Anglade, au fort Lerebours.
Le plus grand calme régnait dans toute la ville.
Sous plusieurs rapports, cette révolution a été la plus notable

nement provisoire, pour arrêter les dernières mesures à prendre sur l'entrée de nos divers corps d'armée à Port-

des choses politiques et militaires qui ont fait époque dans l'histoire de notre pays, soit que nous l'envisagions au point de vue de la cause immédiate du mouvement ou des grands principes moraux qui l'ont inspirée, soit que nous considérions les intérêts en jeu, la ténacité et la détermination des combattants, les buts des parties adverses ou l'influence qu'elle doit exercer infailliblement sur la destinée du pays.

Réfléchissons : Il y a toujours quelque chose de solennel dans la marche d'une armée conquérante entrant dans une ville prise d'assaut ou par suite d'une capitulation, et l'entrée des troupes du Nord et du Sud n'a rien perdu de cette solennité, par suite de circonstances qui, dans un cas pareil, diminuent l'amertume de la victoire. Voici ces circonstances : Depuis la guerre de l'Indépendance, Haïti n'a jamais été avilie par le pied d'un soldat étranger foulant son sol sacré. Elle peut répéter cette fière déclaration de l'ancienne Sparte : *Mes fils n'ont jamais vu la fumée du camp d'un ennemi.* La Capitale, précieuse pour tous ses enfants, ne s'est jamais courbée devant un vainqueur étranger, ni n'a été insultée par la présence d'un pavillon étranger flottant sur ses murs. Ce n'étaient ni les Français, ni les Anglais, ni les Espagnols qui marchaient en procession solennelle dans ses rues le 23 de ce mois. C'étaient ses fils à elle, venus au siège ordinaire de leur Gouvernement dans le but de maintenir un droit constitutionnel outragé ; d'enregistrer leur protestation contre des abus qui menaçaient l'existence même de la nation, de pacifier les esprits indûment excités par des suggestions et des exemples malsains et subversifs, et d'établir des réformes propres à garantir la sécurité de la prospérité du peuple entier. C'était toujours Haïti aux haïtiens, et ce principe sacré a été évident dans tous les actes et expressions autorisés de la Révolution, depuis son commencement jusqu'aujourd'hui.

La conduite de l'armée a été, et reste sans reproche. Si on essayait de la critiquer, on échouerait, parce qu'elle est au-dessus de toute critique : si on essayait de la louer, on échouerait également, parce que le langage humain est trop pauvre pour exprimer

au-Prince. Les conditions que nous avons proposées le 7 août et qui avaient été hautainement repoussées sur l'ins-

justement sa grandeur et sa générosité. Elle est une chose nouvelle dans les annales de la guerre civile ou étrangère. Pas une feuille tombée d'un arbre n'a été touchée par le soldat le plus malheureux : pas une insulte n'a été faite à un seul individu, quelque humble qu'il fût ; pas un cri de triomphe n'a été permis par les Chefs de la Révolution ; même les vivats par lesquels les partis vainqueurs ont coutume d'exprimer leur joie à la fin d'une lutte longue et amère ont été modifiés sinon tout à fait supprimés. Quelles preuves plus solides et plus convaincantes peuvent être données de l'esprit de conciliation de la Révolution ? Rien de semblable n'a été vu dans l'histoire du monde, et c'est là une preuve des sentiments et des actions sublimes *dont la race est capable.*

Demandez aux anciens Grecs et Romains, renommés dans l'histoire et dans la poésie, si les lauriers qu'ils portaient indiquaient une telle magnanimité ? Demandez à toutes les nations de l'Europe moderne si elles peuvent montrer, dans toute leur vie historique, un chapitre aussi glorieux et aussi brillant que celui-ci. *Pas un seul!*

Les ordres du général en chef furent strictement et joyeusement respectés. Avec un tel Ministre de la Guerre, la discipline et l'utilité de l'armée haïtienne cesseraient d'être problématiques.

Mais, sans rien diminuer des mérites solides du général en chef Mompoint, qui n'a jamais fait fusiller un seul homme : sans rien diminuer de la grandeur du général Nord Alexis, qui s'est toujours maintenu avec la même intégrité sur le champ de bataille et dans le conseil de guerre, sans rien diminuer de la noblesse des généraux Albert Salnave, Jean Jumeau, Phénix Durant, Rov. Barjon, Antoine Simon, Turenne Jean Gilles, Alex. Bobo, F. Ducasse, Chicoye, M. Bataille, Basquiat et des milliers de braves qu'ils ont menés, à travers le feu et le sang, à la victoire ; sans rien diminuer des hautes qualités de *l'honnête Citoyen, du Patriote distingué* dont les troupes ont suivi la politique généreuse, cette conduite, sans précédent, de l'armée de la Révolution constitue la gloire, non pas seulement d'une partie du pays, mais du peuple entier. C'est le tribut qu'offre la nation haïtienne à la civilisation du siècle.

J. R. L.

piration de M. Solon Ménos, ont été acceptées dans toute leur teneur.

Hier, à trois heures de l'après-midi, le général Légitime s'est embarqué à bord du navire de guerre français, *Le Kerguelen*, en abandonnant enfin le Pouvoir qu'il avait usurpé et qu'il s'était obstiné à garder au prix de tant de sang, de tant de crimes et tant de ruines !

CONCITOYENS !

L'histoire flétrira de son burin sévère cet homme égoïste et funeste, ainsi que tous ceux qui l'ont aidé dans son œuvre criminelle et anti-patriotique. Pour nous, qui avons lutté sur tous les points de la République, pour le triomphe d'une sainte cause, c'est le moment de rentrer en nous-mêmes et de réfléchir sur les tristes résultats des entreprises, inspirées par l'ambition et exécutées au mépris de la morale, du droit et de la justice. Le pays aura besoin de la sagesse et du patriotisme de tous ses enfants, sans distinction de parti, pour terminer heureusement l'œuvre d'apaisement et de réorganisation, qui doit nous ouvrir une ère nouvelle.

Le Gouvernement provisoire qui va se transporter à Port-au-Prince espère trouver en chaque citoyen cette sagesse et ce patriotisme. Le peuple haïtien, qui a placé sa confiance en lui, peut aussi compter sur sa loyauté et sa ferme décision de travailler énergiquement et sincèrement à la restauration de nos institutions et au rétablissement d'un ordre de choses régulier et définitif.

Vive la République !
Vivent les libertés publiques !

Vive l'ordre !

Vive l'union !

Donné à Saint-Marc, le 23 août 1889, an 86° de l'Indépendance.

HYPPOLITE.

Par le Président

Le Conseiller aux Départements de la Justice et de l'Instruction publique, chargé par intérim du Département de l'Intérieur.

TITUS PÉLISSIER.

Le Conseiller chargé du service des Départements des Finances et du Commerce, et par intérim de ceux de la Guerre et de la Marine.

St.-M. DUPUY.

Le Conseiller aux Départements des Relations Extérieures, de l'Agriculture et des Cultes.

A. FIRMIN.

Le Président provisoire fit, quelques jours après, son entrée à la capitale, accompagné de nombreuses troupes des autres membres du gouvernement.

DÉCRET

LE GOUVERNEMENT PROVISOIRE

Considérant qu'en vertu de l'article 4 du décret du Gouvernement provisoire, en date du 25 août 1888, les conseils communaux élus ne pourront s'installer et fonctionner qu'après la promulgation de la Constitution, laquelle jusqu'ici n'a pu être valablement faite ;

Considérant qu'il y a urgence de réformer dans toutes les communes dont les conseils communaux ont fonctionné au mépris dudit décret du 25 août, les commissions locales chargées de gérer et administrer les intérêts communaux jusqu'au moment où la Constitution sera régulièrement promulguée,

De l'avis du Conseil d'Etat,

Décrète ce qui suit :

Art. 1er. Sont désignés pour former lesdites commissions locales savoir :

DÉPARTEMENT DE L'OUEST

Arrondissement de Port-au-Prince.

Pour la commune de Port-au-Prince, les citoyens Hérard Roy, Edmond Coicou et Léger Cauvin.

Pour la commune de Pétion-ville, les citoyens Philistin Germain, Othon Germain et Paul Azor.

Pour la commune de la Croix-des-Bouquets, les citoyens Docteur Lespinasse, Blanc Despeigne et Annulysse Cadet.

Pour la commune de l'Arcahaie, les citoyens Murat Bernadotte, Jeannot et Bernardin.

Arrondissement de Léogane.

Pour la commune de Léogane, les citoyens J. B. Gauthier, Louis Tibère Kernisan et Alexandre Hector.

Pour la commune de Grand-Goâve, les citoyens Cyrus Confident, Léveillé et Guibert.

Pour la commune de Petit-Goâve, les citoyens Beaubrun Gauvin, Cicéron Tessier et J. M. Coutard aîné.

Arrondissement de Jacmel.

Pour la commune de Jacmel, les citoyens Berrouet, D. Martinez et Charmant.

Pour la commune de Bainet, les citoyens D. Ambroise, S. Carréna et Jameau aîné.

Pour la commune de Marigot, les citoyens Eugène Sanon, Alcius Lapierre et Sainté.

Pour la commune des Côtes-de-Fer, les citoyens Duperrier Lefèbre, Peloux Sorel et Désulmé Thésisphore.

Ligne militaire de Saltrou.

Pour la commune de Saltrou, les citoyens Molière Barthélemy, Thermosiris Martin et Tertulien Balthazar.

Pour la commune de Grand-Gosier, les citoyens Fénélon Andral, Striplet Charpentier et Ducasse Wagnac.

Arrondissement de Mirebalais.

Pour la commune de Mirebalais, les citoyens Cyrus Enaillo, Plaisir Nicolas et Cadius Jean Michel Chéry.

Pour la commune de Grand-Bois, les citoyens Dorminvil François, Calixte Avril et Joseph Dorsaint.

Arrondissement de Lascahobas.

Pour la commune de Lascahobas, les citoyens Félix Sapini, Calix Jolly et Walter Millien.

DÉPARTEMENT DU SUD
Arrondissement des Cayes.

Pour la commune des Cayes, les citoyens Léonce Lubin, Valérius Rameau et Mussac Scutt.

Pour la commune de Torbeck, les citoyens Auguste Létang Labossière, Dorcé François et Cyrus Francisque.

Pour la commune de Port-Salut, les citoyens Auguste Marseille, Marcellus Georges et Martial Hall.

Arrondissement des Côteaux.

Pour la commune des Côteaux, les citoyens Sévigné Georges Claude, Lucien Grégoire et Philorène Jn.-Baptiste.

Pour la commune de Port-à-Piment, les citoyens Dorélus Saudaine, Horace Foulon et Servilius Figareau.

Pour la commune de Chardonnière, les citoyens Th. Gaspard, Adolphe Marsan et Erosy Mess fils.

Pour la commune des Anglais, les citoyens Altenor Legrand, Domperre et Eugène.

Arrondissement d'Aquin.

Pour la commune d'Aquin, les citoyens Eltéléus Castor, Daricy Anglade et Compère Lalanne.

Pour la commune de Saint-Louis du Sud, les citoyens Gétus Ferdinand, Dorléan Louis Jacques et Charles d'Haïti.

Pour la commune de Cavaillon, les citoyens Fontaine Vaval, Marius Loroselière et Fuscien Roche.

Arrondissement de Nippes.

Pour la commune de l'Anse-à-Veau, les citoyens Lamartine Malbranche, Lamarre Arnoux, et Drennus Défaïs.

Pour la commune du Petit-Trou-de-Nippes, les citoyens Dutès Voltaire, Mathurin fils et Latigue.

Pour la commune des Baradères, les citoyens Edmond Montinard, Spulige et Planès Edmond.

Pour la commune de Miragoâne, les citoyens Estélus César, Hiram Hibbett et Massillon Roc.

Pour la commune de la Petite-Rivière de Nippes, les citoyens Dieudonné Thomas, Anacréon Charles et Moïse fils.

Arrondissement de Tiburon.

Pour la commune de Tiburon, les citoyens Tarverne aîné, Grandoit fils, et Manassé Gagère.

Pour la commune de l'Anse-d'Aynault, (chef-lieu), les citoyens Oréus Guillaume, Tancrède Mouras et Souvent Larrieux.

Pour la commune de Dame-Marie, les citoyens Auger St.-Cloud, Joseph Philantrope et Ignace Salgado père.

Arrondissement de la Grand-Anse.

Pour la commune de Jérémie, les citoyens L. N. Laraque, A. Vorbe et Nicolas.

Pour la commune de Corail, les citoyens Dubrincourt Lespérance, Bhucher Azor et Jeannot aîné.

Pour la commune des Abricots, les citoyens Névil Baptiste, Prévoyant et P. Girault.

Art 2. Le présent décret sera imprimé, publié et exécuté

à la diligence du Conseiller du Gouvernement provisoire chargé du Département de l'Intérieur.

Donné à Port-au-Prince, le 28 Août 1889, an 86ᵉ de l'Indépendance.

HYPPOLITE.

Par le Président Provisoire ;
Le Conseiller chargé du service du Département de l'Intérieur,

NORD ALEXIS.

DÉCRET

LE GOUVERNEMENT PROVISOIRE

Considérant qu'un certain nombre de constituants, élus en vertu du Décret du 25 août 1888, oubliant les devoirs que leur imposaient le patriotisme et les principes qui font la base de notre droit constitutionnel, ont agi de complicité avec le général Légitime, à qui ils ont arbitrairement conféré les titres de Chef du Pouvoir exécutif et de Président d'Haïti, après avoir élaboré et voté une constitution absolument contraire aux mœurs et aux aspirations politiques du pays ;

Considérant qu'en même temps qu'ils méprisaient toutes les notions du droit et de nos usages parlementaires, ils ont abusivement épuisé leur pouvoir, qui consistait seulement à donner au pays une constitution et à nommer un Président d'Haïti ;

Considérant que les électeurs qui avaient choisi les constituants en vertu du décret du 25 août précité, ont ostensiblement protesté contre leurs mandataires en protestant les armes à la main contre la prétendue constitution et le faux Président d'Haïti créés par ces constituants aussi injustes qu'arbitraires ;

Considérant qu'il y a urgence de remplacer ces constituants, afin de continuer l'exécution du décret du 25 août 1888, malheureusement suspendue par les événements du 28 septembre et l'usurpation du Pouvoir par le général Légitime, à laquelle ils ont coopéré.

De l'avis du Conseil d'Etat,

Décrète ce qui suit :

Art. 1er. Les constituants qui ont pris part à la nomination illégale du général Légitime comme Président d'Haïti ou qui ont siégé dans la fausse Assemblée constituante réunie à cet effet, sont déchus de leur pouvoir, qu'ils ont d'ailleurs épuisé en l'employant contre la volonté nationale.

Art. 2. Les assemblées primaires de toutes les communes de la République qui n'ont pas eu le temps d'élire légalement leurs constituants ou dont les constituants sont déchus de leur pouvoir, aux termes du précédent article, sont convoquées pour le mardi 10 septembre prochain à huit heures précises du matin.

Art. 3. Dès la publication du présent décret, il sera, dans chacune des communes ci-dessus mentionnées, ouvert par les commissions locales désignées par le Gouvernment provisoire, la liste d'inscription des citoyens réunissant les conditions voulues par la loi pour former les assemblées primaires, selon le mode établi par la loi électorale du 24 août 1872. Cette liste devra être close et affichée à la principale porte de chacune desdites communes, le 7 septembre prochain au soir. Toutes les réclamations auxquelles pourront donner lieu ces inscriptions doivent être formées et vidées avant la date du 10 septembre prochain, sinon et passé ce délai, elles seront considérées comme non avenues.

Art. 4. Les Assemblées primaires étant constituées, procéderont immédiatement à l'élection des citoyens qui doivent représenter les différentes communes ci-dessus désignées à l'Assemblée constituante.

Art. 5. La durée de ces assemblées primaires sera de cinq jours pour toutes les communes où devront avoir lieu les élections. Ce délai expiré, elles seront tenues de se dissoudre immédiatement.

Art. 6. Le présent décret sera imprimé, publié et exécuté partout où besoin sera, à la diligence du Conseiller du Gouvernement provisoire au département de l'Intérieur.

Donné à Port-au-Prince, le 29 août 1889, an 86e de l'Indépendance.

HYPPOLITE

Par le Président Provisoire :

Le Conseiller chargé du service du département de l'Intérieur.

NORD ALEXIS.

PROCLAMATION

HYPPOLITE

Président provisoire de la République

Citoyens et soldats !

Dès mon entrée à Port-au-Prince, ma première pensée était de m'adresser au Peuple et à l'Armée pour leur communiquer mes impressions sur la tenue correcte des troupes et la bonne attitude de la vraie population de cette ville ; mais la sagesse et la prudence qui ont toujours dirigé mes actions politiques m'ont inspiré une certaine circonspection. Avant de décerner aux uns et aux autres les félicitations qu'ils méritent, j'ai voulu attendre quelques temps, afin de mieux m'assurer que le spectacle réconfortant qui avait frappé mes regards, n'était pas le fait d'un enthousiasme momentané. Eh bien, après avoir passé six jours dans cette Capitale, je suis convaincu que l'état de choses amené par l'entrée des troupes du Gouvernement provisoire ne saurait être meilleur.

Partout, dans tous les postes, les soldats du Nord et du Sud, qui se sont donné la main pour débarrasser le pays de la présence du général Légitime et de ses sicaires, se sont montrés dignes de la sainte cause dont la défense a été confiée à leur patriotisme et à leur bravoure.

Pas une personne n'a été injustement froissée, pas une propriété n'a été menacée, pas un droit n'a été lésé. Tous ceux en qui réside une parcelle de conscience reconnaissent que jamais une armée assiégeante n'a pénétré dans les murs d'une ville assiégée avec plus d'ordre, plus de modération, ni plus de mansuétude que les troupes du Gouvernement provisoire n'en ont donné l'exemple.

La gloire en rejaillit sur le pays entier.

Si les citoyens du Nord, de l'Artibonite et du Nord-Ouest ont été les promoteurs du mouvement protestaire, qui a vaincu l'usurpateur, ceux du Sud et la plus grande partie de ceux de l'Ouest y ont donné la dernière main à l'heure décisive où la Patrie avait le plus grand besoin de la paix.

Honneur aux généraux Mompoint jeune et Nord Alexis, Conseillers à la Guerre et à l'Intérieur! Honneur au général Antoine Simon, chef supérieur des forces du Sud! Après avoir combattu en héros ceux qui pensaient pouvoir résister contre les forces du Gouvernement provisoire, ils ont su maintenir dans les corps d'armée qu'ils dirigent une discipline admirable, grâce à laquelle la ville de Port-au-Prince n'a eu à essuyer aucun déboire, ni aucun préjudice.

Cette conduite est tout un enseignement; et ceux qui doutaient de notre courage et de notre loyauté en seront deux fois confondus.

CITOYENS ET SOLDATS !

Quelques mauvais sujets, ceux-là mêmes qui ont été les principaux agents du général Légitime, au lieu de se retirer tranquillement du pays ou de se soumettre, en se présentant à l'autorité, qui saura appliquer à chacun le traitement qu'il mérite, se cachent ou circulent subrepticement, en continuant une sourde propagande contre l'ordre de choses établi. C'est à ce point que les bons citoyens, qui ont tant souffert, à Port-au-Prince, de la tyrannie et des vexations du général Légitime et de ses acolytes, s'inquiètent et craignent que la modération du Gouvernement provisoire ne tourne au détriment de la paix, en laissant un trop libre cours à la malveillance et aux machinations des incorrigibles. Mais que l'on se rassure!

Le Gouvernement provisoire est modéré parce qu'il se sait fort, matériellement par les forces militaires dont il dispose, moralement par sa droiture et par la confiance dont le pays l'entoure. Il ne démentira jamais la conduite qu'il a tenue dès le commencement et qui lui a valu l'estime et la sympathie de tous les hommes de cœur. Mais la modération n'exclut point l'énergie. Des mesures seront prises pour affermir solidement la paix dont la République a besoin pour cicatriser ses plaies et travailler à son relèvement.

CONCITOYENS!

Ayez confiance dans la sagesse et le patriotisme du Gouvernement provisoire. L'œuvre qu'il a entreprise est celle de la réhabilitation nationale par la pratique du droit, de la moralité politique. Le triomphe de sa cause est la preuve que le peuple haïtien est apte à comprendre et à adopter tout ce qu'il y a de grand et de noble dans une telle entreprise. La mauvaise foi de ceux qui ont promené l'incendie, le pillage et le meurtre, partout où ils ont passé, ne sera jamais assez puissante pour empêcher Haïti de se reconstituer et de marcher librement et fièrement à la conquête de la civilisation.

Vivent les Libertés publiques!
Vive l'Ordre!

Vive la Paix !
Vive l'Union !
Donné à Port-au-Prince, le 1er Septembre 1889, an 86e de l'Indépendance.

HYPPOLITE

NOTE B

MÉMOIRE

COMMUNIQUÉ

AUX GOUVERNEMENTS DES PUISSANCES ÉTRANGÈRES

Sur l'état de la République d'Haïti et des forces tant morales que matérielles dont disposent les parties contendantes,

Pour servir à établir le droit des départements du Nord, du Nord-Ouest et de l'Artibonite, avec l'arrondissement de Jacmel, formant plus des trois cinquièmes de la République, — actuellement en lutte avec le Gouvernement usurpateur de Port-au-Prince, — à la neutralité des Puissances Étrangères.

La République d'Haïti, dont tous les malheurs proviennent toujours des luttes intestines auxquelles se livrent si souvent les citoyens, soit poussés par l'ambition, soit soulevés par la tyrannie, l'injustice ou l'indignation, va être plongée dans la plus désastreuse des guerres civiles. Les patriotes s'alarment. Les esprits sensés maudissent l'aveuglement dans lequel sont tombés quelques hommes de Port-au-Prince qui, oubliant tout devoir civique, méprisant toutes les règles du droit et toutes les convenances politiques, n'ont pas reculé devant la responsabilité de mettre le pays à feu et à sang, pour assouvir leur soif de domination et des jouissances matérielles qu'ils espèrent tirer d'un pouvoir illégal. Cette conduite des usurpateurs de Port-au-Prince, qui fait honte à la nation et qui serait de nature à lui attirer le mépris de l'étranger, si le monde civilisé n'avait point les enseignements de l'histoire pour éclairer ses jugements, a créé dans tout le pays une situation si précaire et si périlleuse, qu'il ne faudra pas moins de l'énergie, de la sagesse et de la prévoyance de tout le peuple haïtien pour en conjurer les suites fâcheuses. Ces gens sans scrupule, pouvant profiter de leur position dans la Capitale pour se présenter devant les puissances étrangères comme les détenteurs d'un pouvoir légalement établi, les trois départements du Nord, du Nord-Ouest et de l'Artibonite, unis à l'arrondissement de Jacmel, (du département de l'Ouest), ont pour devoir d'éclairer les Gouvernements Étrangers sur le vrai état des choses, afin d'empêcher qu'ils ne soient induits en erreur.

Historique.

Avant de soulever les questions du droit public international, qui sont de nature à justifier la démarche des trois départements précités et de l'arrondissement de Jacmel auprès des gouvernements des états étrangers, il est bon de faire une esquisse rapide des événements qui ont amené l'état de choses actuel dans la République d'Haïti.

Le pays gémissait, depuis neuf ans, sous le joug de la plus odieuse et la plus avilissante des tyrannies. Le général Salomon, s'étant emparé du pouvoir dans un moment où la discorde et les compétitions de partis avaient affolé les plus sages, établit, en 1879, un gouvernement despotique dont aucun peuple civilisé ne peut avoir idée. Il n'y avait aucune garantie pour la liberté individuelle; la presse était bâillonnée, l'inviolabilité des députés et des sénateurs était un vain mot ; la loi cédait devant la volonté du tyran, volonté d'autant plus capricieuse et versatile qu'il appliquait littéralement, dans tout ce qu'elles ont de plus horrible, les maximes de Machiavel.

Un système d'espionnage, qui n'a point de précédent, fut pratiqué dans toute la République avec un cynisme abominable. Personne ne pouvait exprimer la plus innocente critique sur l'administration ou la politique du gouvernement, sans s'exposer à être recherché ; les revenus publics, gaspillés avec une prodigalité inouïe, laissaient toujours vides les caisses du trésor aux prises avec les fonctionnaires non payés. C'était la désolation et la ruine. Les chambres, composées, en majeure partie, des créatures du tyran, acceptaient tout, adhéraient à tout : au lieu d'interpeller les ministres, les législateurs leur prodiguaient un éternel encens, après avoir décoré le général Salomon du titre de « Père de la Patrie ».

Une insurrection, qui coûta au pays autant d'or que de sang, fut vaincue en 1883. Lassé de lutte et de déceptions, le peuple se laissa faire ; et un nouveau septennat fut accordé au despote, en 1886.

Cependant, vers le commencement de cette année, le général Salomon eut à peine entamé sa nouvelle période présidentielle que tout le pays recommença cette opposition morale, qui ne se traduit par aucun signe matériel, mais que le flair des despotes découvre dans l'air même. La ville du Port-au-Prince, où réside le chef de l'Etat, fut, à tort ou à raison, considérée comme le foyer de cette conspiration sourde et insaisissable. Pour l'en punir, les sicaires de Salomon, en dehors même des autorités constituées, n'imaginèrent rien de mieux que de promener l'incendie dans les quartiers les plus populeux de la Capitale. Ce fut lugubre et sinistre. Le Gouvernement menaçait des châtiments les plus terribles les incendiaires qui seraient surpris dans l'infernale besogne, mais ne faisait aucune diligence pour les découvrir. Les bourgeois et autres citadins de Port-au-Prince en furent au désespoir. C'est alors qu'un citoyen des plus notables de cette ville, le général Boisrond-Canal, ex-président de la République, fit pressentir les dispositions du général Séïde Thélémaque, en implorant le secours du Département du Nord pour débarrasser le pays du joug de Salomon. Brave et chevaleresque, le général S. Thélémaque, alors gouverneur de la ville du Cap, n'hésita pas entre la discipline militaire et son devoir de citoyen.

Le 5 Août dernier, l'étendard de la Révolution fut levé au Cap-Haïtien et, cinq jours après, le général Boisrond-Canal, tenant la promesse qu'il avait faite au général Thélémaque, opéra un mouvement qui a obligé le général Salomon, vu l'absence de son ministre de la Guerre porté contre le Nord avec toutes ses forces militaires, à quitter le Palais National, en abandonnant un pouvoir dont il avait trop longtemps abusé.

Le Gouvernement du général Salomon tombé, la population de Port-au-Prince, dans un esprit regrettable d'égoïsme et d'exclusion, fit semblant de ne rien savoir de la Révolution du 5 Août. Le général Légitime, qui, obéissant servilement à la volonté despotique de l'ex-président, avait accepté un ostracisme inqualifiable, fut rappelé de Kingston et bruyamment acclamé. Jusque-là, il n'y avait rien de positivement répréhensible ; car le Port-au-Prince avait bien le droit de présenter et de soutenir un candidat à la Présidence. Cependant le reste du pays ne pensa pas que l'opinion de la Capitale dût faire loi ; et la candidature du général Séïde Thélémaque fut ostensiblement patronnée par la majeure partie de la République, en reconnaissance du grand service qu'il avait rendu à la Patrie, en secouant le joug de la tyrannie.

Une constituante composée de *quatre-vingt-quatre* membres a été élue, en vertu du décret du 25 août 1888, avec les attributions de faire une nouvelle constitution et de nommer un Président de la République. Dès la fin des élections, il était prouvé que le général Thélémaque serait nommé Président ; car la majorité des constituants élus était en sa faveur. Ce résultat mit hors d'eux-mêmes les partisans du général Légitime ; mais comment pensèrent-ils s'en défaire ?...

Dans la nuit du 28 au 29 Septembre dernier, le général Thélémaque, qui, après une tournée, se tenait sans défiance dans sa maison gardée par quelques régiments et des volontaires du Cap, fut soudainement assailli par une grêle de projectiles partis du Palais national, du Fort national et des navires de guerre haïtiens mouillés dans la rade de Port-au-Prince. Surpris par cette attaque imprévue, il eut à peine le temps de visiter une division placée aux environs de sa maison et, en cherchant à ranimer l'esprit de ses soldats égarés, il fut atteint par les biscaïens que vomissaient trois mitrailleuses placées à une centaine de pas de chez lui, au Palais national. Il mourut, quatre heures plus tard, dans les plus horribles souffrances.

Tout avait été combiné pour que les divisions de l'Artibonite et du Nord, qui étaient à Port-au-Prince aux ordres du général Thélémaque, ne lui vinssent pas en aide, leurs chefs ayant été achetés par les meneurs de Port-au-Prince.

C'est ainsi que l'un des plus affreux assassinats politiques dont l'histoire fasse mention a été commis sur la personne du très honorable et très regretté général S. Thélémaque, brave entre les braves, tombé victime de sa confiance dans la loyauté du général Légitime et de ses suppôts. On voudrait jeter un voile sur l'horreur d'un tel acte, mais la conscience humaine et la justice immanente protestent contre le silence, en vouant à l'exécration universelle les criminels qui, en plein dix-neuvième siècle, l'ont combiné et exécuté ! . . . .
. . . .

A l'arrivée de cette accablante nouvelle dans les divers points de la République, un frisson de colère et d'indignation parcourut tous les rangs et enflamma tous les esprits. Ce n'était pas seulement l'effet d'une déception politique, causant des passions effervescentes, mais injustifiées, c'était encore le sentiment de la justice outragée par le plus infâme attentat; c'était la morale publique soufflétée qui se redressait avec la sévérité d'une puissance vengeresse. On protesta de toutes parts. Les trois départements du Nord, du Nord-Ouest et de l'Artibonite méconnurent l'autorité du Gouvernement provisoire, qui avait accepté l'assassinat de l'un de ses membres comme un fait accompli, en en couvrant les auteurs et les complices d'une amnistie aussi hâtive que complaisante et immorale.

Le Gouvernement provisoire, mutilé par la démission de plusieurs de ses membres et sentant la fausse position qui lui était faite par la protestation simultanée et concordante de trois départements sur les cinq qui composent la République, a dû se retirer, en déposant ses pouvoirs.

Cette retraite a replacé les différentes parties du territoire haïtien dans l'état révolutionnaire et anarchique. Un nouveau pouvoir n'en devait sortir qu'avec l'adhésion de l'universalité des citoyens ou d'une majorité nettement constatée; c'était surtout l'affaire de l'Assemblée Constituante. Mais au lieu d'attendre la majorité, qui hésitait à se réunir à Port-au-Prince, après l'acte odieux du 28 septembre, trente-deux constituants présents à la Capitale, sur quatre-vingt-et-un élus, usurpèrent le titre d'*Assemblée Constituante*, en s'arrogeant le droit de déléguer le *Pouvoir Exécutif* au général Légitime, sans même se soucier de fixer la nature et les limites de ce pouvoir.

Une telle *délégation* du pouvoir est dénuée de toute base constitutionnelle. La minorité des constituants présents à Port-au-Prince n'avait aucune qualité pour agir au nom de la République, en l'absence de la majorité dont elle a si audacieusement méconnu les droits. L'acte que les 32 constituants ont rédigé, le 16 de ce mois, sous la qualification de *décret*, ne peut être considéré que comme une usurpation du pouvoir constitutionnel. Aussi les trois départements du Nord, du Nord-Ouest et de l'Artibonite, conjointement avec l'arrondissement de Jacmel, dans le département de l'Ouest, ont-ils protesté, en jurant de défendre, — même par les armes, — leurs droits si injustement foulés aux pieds par les usurpateurs de Port-au-Prince.

I

Du Droit de résistance à l'Usurpation.

Une nation constituée est la réunion de tous les citoyens, avec l'engagement tacite de vivre ensemble, de se défendre et de partager la même destinée, en maintenant l'existence de la patrie commune, au prix de tous les efforts et de tous les sacrifices. En dehors du droit historique, qui accorde à une dynastie le privilège exclusif de gouverner la nation, le chef de l'État doit être, avant tout, l'élu du peuple, dont la volonté se manifeste légalement dans l'expression de la majorité. Le principe de son pouvoir découle de la confiance de ses concitoyens, qui font de lui le premier parmi ses égaux, l'élevant à une dignité d'autant plus éminente qu'il représente le pays vis-à-vis des états étrangers.

« Tout gouvernement, dit Ed. Laboulaye, n'est qu'un établisse-
» ment politique, un contrat tacite entre gens naturellement
» égaux, établissement fait pour servir au bonheur de toute la
» communauté, et non pas à l'agrandissement d'un seul homme
» ou de quelques privilégiés. »

Ce sont là des vérités dont la portée morale est considérable. On ne saurait s'en départir, sans renverser tous les principes de justice éternelle et d'équilibre social, qui forment la base fondamentale de tout gouvernement. Lors donc qu'un citoyen ou une minorité factieuse s'empare, à force ouverte ou par ruse, du pouvoir suprême, sans le consentement de la nation légalement exprimé par la majorité, il y a usurpation. L'état de pression qui succède à l'acte brutal est nécessairement précaire ; car la violence ou la mauvaise foi ne peuvent fonder rien de respectable.

L'usurpateur, en violant les droits imprescriptibles de la nation, dont il confisque la souveraineté, se met volontairement et manifestement en état de guerre avec tous les citoyens dont le concours n'a pas servi à faciliter sa criminelle entreprise. L'agression vient de lui ; et le peuple, qui résiste à l'usurpation, ne fait rien autre chose que de se mettre dans l'état de légitime défense. Cette résistance est d'autant plus autorisée que l'usurpateur, par le vice même de son origine, est forcé de n'employer que la force pour se faire obéir et doit infailliblement mettre en péril la liberté, l'honneur et même la vie de tous ceux qui n'auraient point accepté son pouvoir

En vain chercherait-on des prétextes pour justifier le fait de l'usurpation. Quelles que soient les difficultés d'une situation, il n'est point permis à une minorité du peuple de s'arroger le droit de régenter sur la majorité de la nation, sous le prétexte du salut public ou de la *défense nationale*, comme l'a dit la minorité des Constituants, en déléguant le pouvoir exécutif au général Légitime.

« Sans doute, dit Benjamin Constant, il y a pour les sociétés
» politiques des moments de danger que toute prudence humaine
» a peine à conjurer. Mais ce n'est point par la violence, par la
» suppression de la justice ; ce n'est point ainsi que ces dangers
» s'évitent. C'est, au contraire, en adhérant plus scrupuleusement
» que jamais aux lois établies, aux formes tutélaires, aux garan-
» ties préservatrices. » (*Cours de politique constitutionnelle*.)

C'est donc sans aucune excuse que le général Légitime et ses affidés ont entrepris sur les droits les plus respectables de leurs citoyens. Mais, loin de revenir sur leur pas, devant les protestations des trois départements, ils les menacent et les traitent de rebelles !

« La loi naturelle, dit Puffendof, ordonne, sans contredit, que
» l'agresseur offre satisfaction à la personne offensée ; celle-ci, de
» son côté, est tenue d'accorder à l'agresseur le pardon qu'il lui
» demande et d'étouffer tout ressentiment contre lui, lorsqu'il té-
» moigne d'ailleurs un véritable repentir de sa faute. Si donc
» l'agresseur, après avoir refusé la juste satisfaction qu'on lui de-
» mandait, se défend contre la personne offensée qui l'attaque, il
» entasse offense sur offense. » (*Du droit naturel des gens*.)

Peut-être en résistant à l'usurpation, les trois départements de l'Artibonite, du Nord-Ouest et du Nord, ainsi que l'arrondissement de Jacmel, se voient-ils, en même temps, obligés de soutenir la guerre civile avec toutes les horreurs qu'elle entraîne ; mais entre une paix avilissante, destructive de toute liberté et de tout ordre public, et une guerre légitime, il n'y a pas à hésiter. *Miseram pacem vel bello bene mutari*, dit Tacite ; et tous les écrivains du droit des gens, depuis Vattel jusqu'à Calvo, reconnaissent la nécessité où se trouve parfois un peuple d'entreprendre la guerre civile, afin d'éviter les maux dont une tyrannie usurpatrice le menace.

II

Egalité des droits entre les Protestataires des trois Départements et les usurpateurs de Port-au-Prince.

Avec une audace qui serait simplement ridicule, si elle n'était de nature à entraîner tant de calamités au sein de la patrie haïtienne, les usurpateurs de Port-au-Prince, profitant de leur position à la Capitale, où se trouve le centre de tous les services publics et la résidence du corps diplomatique, font semblant de traiter en rebelles les trois départements protestataires et l'arrondissement de Jacmel. A les entendre, on dirait que l'autorité souveraine résiderait en eux, tandis que ceux qui ont protesté contre leur usurpation seraient en état de rébellion. Mais la plus légère notion du droit des gens suffit pour distinguer le cas de rébellion d'avec l'état actuel des trois départements du Nord, du Nord-Ouest et de l'Artibonite unis à l'arrondissement de Jacmel.

« On appelle *rebelles*, dit Vattel, tous les sujets qui prennent
» injustement les armes contre le conducteur de la Société, soit
» qu'ils prétendent le dépouiller de l'autorité suprême, soit qu'ils
» se proposent de résister à ses ordres dans quelque affaire parti-
» culière et de lui imposer des conditions. Mais lorsqu'il se forme
» dans l'Etat un parti qui n'obéit plus au souverain et se trouve
» assez fort pour lui faire tête ; ou, dans une république, quand
» la nation se divise en deux factions opposées et que, de part et
» d'autre, on en vient aux armes, (tel est notre cas) c'est une
» guerre civile. »

Il y a guerre civile en Haïti ; mais il n'y a point entre les parties contendantes une qualité distinctive qui fasse considérer l'une des deux comme jouissant de prérogatives légales supérieures à celles de l'autre. Ainsi qu'il a été longuement exposé dans la partie historique de ce Mémoire, le gouvernement du général Salomon a été renversé ; le gouvernement provisoire qui, par sa nature, ne représentait qu'un ordre de choses transitoire, s'est retiré devant la manifestation nationale : le pouvoir délégué au général Légitime, n'ayant aucune base constitutionnelle, est un pouvoir précaire, illégal, qui n'a pas une autorité supérieure aux pouvoirs révolutionnaires. Il n'y a donc aucune raison pour que l'on fasse plus de cas du prétendu gouvernement de Port-au-Prince que de ses adversaires.

Mais alors, comment présumer la force respective des parties contendantes et le *droit apparent* que chacune d'elles peut avoir de représenter la volonté nationale ?... Au point de vue territorial, on n'a besoin d'aucun effort pour démontrer que la force est du côté des trois départements du Nord, du Nord-Ouest et de l'Artibonite réunis à l'Arrondissement de Jacmel, puisque les possessions des usurpateurs de Port-au-Prince ne s'étendent que dans les départements du Sud et de l'Ouest, dont il faut détacher l'important arrondissement de Jacmel. — Aucun recensement sérieux n'ayant été fait dans le pays, on ne peut rationnellement s'appuyer sur les chiffres de la population, pour se rendre un compte exact du nombre de voix ou de têtes qui sont censées admettre l'usurpation du général Légitime, en opposition aux protestataires départementaux. Cependant une statistique autrement importante fera encore voir aux Gouvernements étrangers la supériorité incontestable des protestataires, c'est celle du commerce d'importation et d'exportation, qui dénote non seulement l'importance respective des parties contendantes, au point de vue économique, mais encore leur activité productrice et les relations commerciales et internationales, qui en sont les conséquences.

Prenons au hasard le tableau synoptique des valeurs importées et exportées par la République d'Haïti dans le deuxième trimestre de l'exercice budgétaire 1886-1887, qui se trouve inséré dans « le Moniteur » (journal officiel) du 19 novembre 1887.

Sur la somme totale de P. 1.464.515, 26 cs. représentant la valeur des marchandises importées, les villes commerciales de la partie protestataire figurent pour P. 684.116. 47 cs. Pour juger de l'importance de ce dernier chiffre, il faut savoir que la Capitale, ayant importé à elle seule pour une valeur de P. 559.640.08, tout le reste de la République ne figure que pour P. 320.760, c'est-à-dire moins de la moitié des marchandises importées par les villes protestataires. Ce gros chiffre de Port-au-Prince ne s'explique lui-même que par une grande quantité de marchandises importées à Port-au-Prince, mais destinées à être expédiées, de là, dans les villes des Gonaïves, de Saint-Marc et de Port-au-Paix, par la voix du cabotage. On peut vérifier l'exactitude de cette dernière assertion en examinant les chiffres de l'Exportation.

Sur la somme totale de P. 3.374,514.55, représentant la valeur des denrées exportées, les villes commerciales qui se trouvent dans les trois départements protestataires et l'arrondissement de Jacmel, c'est-à-dire Cap-Haïtien, Jacmel, Gonaïves, Saint-Marc et Port-de-Paix figurent pour P. 2.089.999. 32 cs, soit près des deux tiers de l'exportation de toute la République. Il faut remarquer que les denrées embarquées sont en juste proportion avec l'étendue territoriale occupée par les protestataires. — Les valeurs exportées ont le caractère distinctif d'exprimer l'activité laborieuse et productrice, la vraie force économique des villes et des campagnes d'où sortent les denrées. De plus, le fait, — pour le Port-au-Prince, — de figurer pour une si forte importation avec une exportation relativement faible à sa haute signification économique : c'est que la Capitale, toutes choses égales, consomme plus qu'elle ne produit. Cet indice est peut-être l'explication même de l'état actuel du Pays, où l'on voit les provinces résister avec tant d'énergie contre l'esprit d'accaparement qui domine à un si haut degré parmi les jouisseurs de Port-au-Prince.

Les Gouvernements des puissances étrangères, représentés par des hommes éclairés, expérimentés et d'une impartialité qui est à la hauteur des éminentes positions qu'ils occupent, n'auront pas à hésiter pour admettre que la vraie supériorité, comme la majorité, appartient au groupe des protestataires. Ce fait, qui est incontestable au point de vue matériel, puisqu'il est surabondamment établi par l'étendue du territoire et l'importance économique des trois départements du Nord, du Nord-Ouest et de l'Artibonite, réunis à l'arrondissement de Jacmel, dans l'Ouest, — est encore légalement et politiquement démontré par la majorité des constituants élus, qui se trouve du côté des protestataires, laissant les usurpateurs de Port-au-Prince avec une minorité dont l'audace ne pourra jamais remplacer le droit.

En tout état de cause, si les Gouvernements étrangers, dans une réserve bien compréhensible et fort respectable, ne peuvent pas décider sur la question de supériorité de fait ou de droit, entre les usurpateurs de Port-au-Prince et les protestataires départementaux, reconnaîtront-ils, au moins, une parfaite égalité entre les parties contendantes, dont l'une ne doit pas être considérée comme plus autorisée que l'autre à représenter le Pays aux yeux de l'Etranger.

III

Du blocus établi par les usurpateurs de Port-au-Prince devant les différents ports du territoire occupé par les protestataires des trois départements.

Il est certain, en droit international, qu'un *gouvernement de fait* a le droit d'établir un blocus, comme mesure coercitive contre ses adversaires. Tout en s'abstenant de reconnaître les usurpateurs de Port-au-Prince, ayant à leur tête le général Légitime, comme dépositaires de l'autorité légitime dans la République d'Haïti, les gouvernements des puissances étrangères ne pourraient donc point les empêcher d'établir un blocus, s'ils en avaient les moyens matériels. Les protestataires ne discutent aucunement ce point ; mais il est, par contre, généralement admis que, pour qu'un blocus maritime existe, et pour qu'il soit respecté par les neutres, il faut qu'il réunisse certaines conditions en dehors desquelles il n'a aucun caractère obligatoire.

La première de ces conditions est la notification du blocus aux autorités des lieux bloqués et aux gouvernements neutres, dont les sujets ne doivent point être surpris par l'exercice d'une contrainte spécialement nuisible à leurs plus grands intérêts. Les usurpateurs de Port-au-Prince, profitant de la possession de deux navires de guerre haïtiens, qui se trouvaient dans la rade de la Capitale et qui restent entre leurs mains, ont purement et simplement envoyé ces deux croiseurs, tantôt devant les Gonaïves, tantôt devant Saint-Marc, tantôt devant le Cap-Haïtien, le Môle, Saint-Nicolas ou Port-de-Paix ; ces vaisseaux croisant à une grande distance des côtes, détournent tous les navires de commerce, qui font cap vers l'un de ces différents ports, en les contraignant à passer outre. La *notification spéciale*, qui n'est point faite dans les règles, puisqu'aucun avertissement officiel n'a été donné auparavant, ne saurait suffire dans l'espèce. Ce genre de blocus sans notification diplomatique est qualifié par les publicistes et hommes d'État anglais sous le nom de *blocus de fait;* mais il n'est admis que dans le cas où il est établi « par des commandants de vaisseaux devant des lieux tellement éloignés de leur pays, qu'il y aurait impossibilité de faire la notification diplomatique. » (P. Fauchille, *du Blocus maritime.*)

Cependant les commandants des croiseurs haïtiens sont non-seulement à proximité de Port-au-Prince, mais communiquent journellement avec cette ville, où se trouve le prétendu gouvernement des usurpateurs! Un tel fait, contraire à toutes les règles du droit des gens, n'est-il pas de nature à attirer la remontrance des Gouvernemennts étrangers, qui ont pour devoir de faire respecter la liberté des mers?.. Mais ce n'est pas tout.

Une autre condition indispensable pour donner au blocus un caractère obligatoire vis-à-vis des neutres, est son effectivité. Ce point de droit international a été positivement arrêté par le *Congrès de Paris* dans la célèbre déclaration du 16 avril 1856. Sans entrer dans les controverses soulevées par plusieurs publicistes et hommes d'Etat, à l'égard du quatrième paragraphe de cette déclaration, il est indiscutable qu'on doit l'interpréter dans ce sens « qu'un blocus légitime, comme s'exprime M. Mason, des Etats-Unis, exige la présence réelle d'une force suffisante à l'entrée du port et stationnant assez près pour empêcher les communications. » (*Archives diplomatiques.* 1861, pages 440-442.) Le blocus *par croisière*, tel que l'établissent, sans aucune formalité, les deux vaisseaux de guerre haïtiens croisant devant les différents ports des villes protestataires, ne saurait donc être considéré comme un blocus effectif.

« En effet, dit P. Fauchille, il faut d'après elle (la 4me phrase
» de la déclaration de 1856) que l'accès du littoral ennemi soit
» interdit réellement, soit rendu impossible par les forces blo-
» cantes ; or dans le blocus par croisière, ce n'est pas l'abord de
» la côte qui est défendu, mais des vaisseaux croisant à une
» grande distance du port bloqué, arrêtant les bâtiments qui s'y
» dirigent. »

L'existence d'un pareil blocus n'est-elle pas de nature à porter un plus grand préjudice aux intérêts des nationaux des puissances neutres qu'à ceux des protestataires ? Si le droit de la guerre admet qu'on établisse un blocus, sans s'arrêter à la considération des torts que l'on fait aux tiers, la liberté du commerce, dont dépendent le développement et la prospérité des nations, doit-elle souffrir une telle atteinte, lorsque ce blocus incorrect, qui ne peut aucunement affaiblir la résistance des protestataires, en tant que force organisée, nuit à un si haut point aux intérêts particuliers et internationaux ? Un semblable état de choses est absolument contraire au principe du droit des gens. C'est aux Gouvernements étrangers, dont la mission civilisatrice est d'imposer partout le respect de la justice, de concourir à mettre fin à des procédés dont la continuation serait la ruine du commerce en Haïti. Les protestataires doivent lutter aussi, pour en obtenir le redressement.

IV

Les protestataires doivent être admis comme des belligérants dans leurs relations avec les Gouvernements étrangers.

De tout ce qui précède, il ressort suffisamment que, le gouvernement despotique du général Salomon ayant été renversé par la révolution, et le gouvernement provisoire s'étant retiré, chaque grande circonscription territoriale et administrative de la République d'Haïti a repris son existence indépendante, en attendant que les constituants, qui représentent actuellement les diverses fractions de la République, se réunissent légalement, c'est-à-dire avec la majorité voulue, pour élaborer une Constitution et nommer le chef de l'État. C'est un résultat forcé des derniers événements qui, ayant brisé tous les pouvoirs constitués par la commune volonté de la nation, laisse chaque partie du pays sous le seul empire du droit naturel. Les dissentiments, qui existent entre les protestataires des trois départements unis à l'arrondissement de Jacmel et les usurpateurs de Port-au-Prince, créent donc une situation politique nettement définie : c'est une guerre civile, dans laquelle chaque partie conserve indiscutablement l'intégrité de ses droits de belligérants.

« Les guerres civiles proprement dites, écrit Calvo, donnent
» à chacune des parties engagées le caractère et les droits de
» Belligérants, non seulement à l'égard de son ennemi, mais en-
» core à l'égard des États tiers qui veulent rester neutres. »

« La notion de la *belligérance*, dit Bluntschli, et par suite l'appli-
» cation du droit des gens en opposition avec le droit pénal, peut
» être étendue à une partie intégrante d'un État, lorsque, étant de
» fait organisée comme force militaire, elle observe dans la con-
» duite des hostilités les lois de la guerre et croit de bonne foi
» lutter en lieu et place de l'État pour la défense de son droit
» public. »

L'opinion de ces deux auteurs dont l'autorité est si grande, est d'ailleurs partagée par les plus éminents publicistes. Les principes qu'elle proclame ont été reconnus et appliqués par les principales puissances du monde civilisé, entre autres cas, dans la guerre du *Sunderbund*, en Suisse, en 1847, et dans la guerre civile des Etats-Unis d'Amérique, 1861—1865. Les protestataires de trois départements du Nord, du Nord-Ouest et de l'Artibonite et de l'arrondissement de Jacmel, dans l'Ouest, sont donc autorisés par tous les motifs de droit international à réclamer des gouvernements des Puissances étrangères qu'ils soient reconnus comme Belligérants, avec la jouissance des bénéfices de la plus équitable neutralité.

En faisant cette réclamation, les protestataires attendent surtout de l'impartialité des Gouvernements étrangers, qu'ils n'accordent aux usurpateurs de Port au-Prince aucun concours, aucun avantage qui puissent leur être refusés, pour une raison ou pour une autre. Les devoirs de la neutralité seraient évidemment violés, si les usurpateurs de Port-au-Prince pouvaient librement se fournir d'armes, de munitions et de navires de guerre par des acquisitions qui ne peuvent être faites que dans les divers ports étrangers, tandis que la même faveur serait interdite aux protestataires des trois départements.

Mais rien n'autorise à supposer que les Gouvernements étrangers inclineront à protéger les usurpateurs de la Capitale au préjudice de leurs adversaires. « Les neutres, dit Bluntschli, peu-
» vent avoir des sympathies pour l'un des belligérants. Neutra-

» lité n'est pas synonyme d'indifférence. » C'est là un droit incontestable et dont l'origine est dans la nature morale de l'homme, qui l'empêche de rester indifférent entre le bien et le mal.

Dans toute lutte armée, il y a toujours entre les belligérants un parti dont la cause est plus juste que celle de l'autre, et les neutres doivent naturellement sympathiser avec la cause dont ils reconnaissent la justice. A ce point de vue, les protestataires ne doutent point que l'opinion des Gouvernements étrangers ne soit en leur faveur. La cause qu'ils soutiennent est celle de la morale politique atrocement violée par l'assassinat du général Séide Thélémaque, celle du droit constitutionnel audacieusement méconnu par une minorité de constituants, s'arrogeant le droit de déléguer le pouvoir exécutif à un citoyen dont la candidature est repoussée par la majorité des membres qui doivent former l'Assemblée Constituante ; c'est enfin celle de la liberté du peuple dont l'usurpation du 16 octobre dernier est une insolente négation. Tout fait donc espérer que les Gouvernements étrangers, loin de favoriser les usurpateurs de Port-au-Prince, tiendront une balance égale entre les Belligérants, s'ils ne sentent pas le besoin, le stimulant moral de faire triompher le droit, en appuyant la cause si légale, si juste et si sainte que soutiennent avec autant de modération que de résolution les protestataires des trois départements.

« Les nations étrangères, qui ne sont liées par aucun traité,
» peuvent sans doute, écrit Vattel, porter leur jugement, pour
» leur propre conduite, sur le mérite de la cause, et assister le
» parti qui leur paraîtra avoir le bon droit de son côté, au cas
» que ce parti implore leur assistance ou l'accepte ; elles le peu-
» vent, dis-je, tout comme il leur est libre d'épouser la querelle
» d'une nation en guerre, avec une autre, si elles la trouvent
» juste. »

Les protestataires seraient bien autorisés à réclamer des Gouvernements étrangers cette intervention protectrice du droit et de la justice éternelle ; mais sans recourir précipitamment à cette démarche qu'on pourrait contester, en la colorant d'une intention anti-patriotique, ils se reposent sur la sagesse et la raison de ces Gouvernements pour obtenir que leur voix soit écoutée dans les justes réclamations qui font l'objet du présent

Mémoire. La solidarité qui existe dans la vie de toutes les nations modernes et qui fait de tous les hommes autant d'unités morales concourant, sciemment ou non, à la réalisation d'une destinée commune pour toute l'humanité, ne permet pas aux Puissances neutres de se désintéresser absolument de la violation du droit, parce que cette violation ne porterait atteinte qu'à une portion d'un petit peuple. La France, les Etats-Unis d'Amérique et la libérale Angleterre, dont l'histoire n'est que le développement de la notion du droit, ne sauraient en détourner la tête, sans manquer à la plus noble fonction qui leur ait été dévolue dans leur mission civilatrice ; l'Allemagne dont l'œuvre de concentration n'est pas une négation systématique et définitive de l'esprit de solidarité universelle, n'oubliera pas éternellement ses grandes traditions philosophiques, qui font de l'accomplissement du devoir la sanctification de l'existence humaine. Toutes les puissances étrangères agiront de manière à ne point contrarier la bonne cause, en se rappelant ces mots inoubliables d'un vieux jurisconsulte français : *Justice est le commun prouftct de tous.*

CONCLUSION

En résumant les faits contenus dans l'exposé historique et la discussion des principes de droit international qui en découlent, les trois départements du Nord, du Nord-Ouest et de l'Artibonite, conjointement avec l'important arrondissement de Jacmel (du département de l'Ouest), pensent avoir démontré d'une façon évidente pour tout homme impartial :

1° Que l'état dans lequel se trouve la République d'Haïti est la conséquence de l'usurpation du pouvoir par le général Légitime, assisté d'une minorité de 31 constituants sur 80 élus ;

2° Que le droit de résister à cette usurpation ne peut leur être contesté ;

3° Que, sous tous les points de vue, notoirement sous le rapport territorial, économique et politique, ils ont un droit supérieur à représenter la volonté nationale, ayant la majorité de leur côté ;

4° Qu'ils doivent, enfin, être admis comme des Belligérants dans leurs relations avec les Puissances neutres, qui sont appelées à user envers eux de tous les devoirs d'une équitable neutralité

Fait au Cap-Haïtien, le 20 Octobre 1888, an 85e de l'Indépendance.

NOTE A

(Extrait du Journal « *La Liberté* »).

Récits des événements du 28 septembre.

Les élections du Nord et de l'Artibonite ne laissaient point de doute sur le triomphe du Gal. Séïde Thélémaque. Ses adversaires n'avaient pas obtenu tout le succès attendu dans l'Ouest ; ils comptaient sur le Sud. Mais — coup mortel! le Sud avait suivi l'exemple des trois autres départements. Le courrier arrivé le 28 au matin annonçait aux Légitimistes une défaite moins qu'honorable. Leur chef, dit-on, frappa du pied, et poussa un blasphème.

Comment sortir de cette situation ? Se retirer de la lutte ? mais les partisans le voudraient-ils ? Toute cette cohue d'ambitieux, comment les décider à ce sacrifice ? Les créanciers, comment les satisfaire ?

On pense alors à un coup de main, on joue sa dernière carte. Quand on ne peut surmonter les obstacles, on les aplanit. Et les ordres alors sont donnés. A 2 heures, à la faveur d'une panique adroitement excitée, on distribuait des munitions ; à trois heures la garde nationale cantonnait, et les volontaires au grand complet, empêchaient la circulation devant la porte de Monsieur Légitime. Il fallait un prétexte à tous ces mouvements. On fit vite circuler le bruit que les troupes du Nord allaient s'emparer du Palais, et ce mensonge odieux, malgré la tournée du général Séïde dans les rues de la Capitale, trouva des oreilles assez crédules, des imaginations assez simples pour prendre la consistance d'une vérité.

A 4 heures, les chefs de colonne prenaient déjà une attitude menaçante, et M. de Contreras, cet étranger à la solde de Légitime pouvait dire arroganmment à un cercle de ses amis: « Si on ne nous attaque ce soir, nous attaquons. »

On prévint le Gl. Séïde ; il ne voulut rien croire. On lui rappela tous les crimes dont le Port-au-Prince s'était déjà rendu coupable. Il sourit, et, confiant dans la loyauté de son adversaire, il prit pour de la frayeur le conseil de ses amis. En effet, M. Légitime, n'avait-il pas juré de ne rien faire qui s'écartât de la probité et de la franchise ? Nouveau Judas, n'avait-il pas donné au Candidat du Nord l'accolade fraternelle? — M'assassiner ! répondait ce dernier à ses amis, y pensez-vous ? Les Port-au-Princiens seraient-ils assez ingrats pour oublier que j'ai sauvé leur ville sous Salvane? Perdraient-ils si vite le souvenir de cette grande révolution inaugurée par moi et qui arracha leurs fortunes aux flammes et leurs personnes à la mort? M'assassiner ! non ; la lutte n'aura lieu que sur les journaux et dans l'urne ; lutte loyale et qui m'assure la victoire.....

Pauvre Général, vous comptiez sans la jalousie des uns et l'ambition des autres. Homme honnête, citoyen fidèle à vos serments, vous pensiez que les mêmes scrupules arrêteraient vos ennemis sur la voie du crime.

* *
*

Entre 7 et 7 heures 1/2, trois coups de carabine partirent du Bellaire — c'était le signal. Et, comme si l'on eût mis le feu à une poudrière, tous les postes comme un seul, se mirent à tirer. L'attaque avait eu lieu ; le crime ourdi était en voie d'exécution.... Parcourant toutes les rues de la ville, et fusillant les maisons, des bandes de brigands empêchèrent les partisans du général Séïde de voler à son secours, et, se rencontrant, ces lâches s'embrassaient aux cris de : « Vive Légitime ! A bas Séïde ! A bas les hommes du Nord ! »

Gardes nationaux, volontaires, troupes de lignes, tous prirent part à cette sale affaire, à cet attentat horrible, diabolique, les uns bien au courant du crime qu'ils allaient perpétrer, les autres conduits innocemment et pensant sincèrement que les troupes du Nord marchaient à la prise du Palais. Aux premiers nous lançons toutes les malédictions, et le sang du Juste qu'ils ont versé troublera le reste de leur existence. Aux seconds nous accordons un regard de pitié, et souhaitons que reconnaissant leur faute, ils l'expient en se tournant contre ceux-là qui ont mal guidé leur ardeur et les ont rendus malgré eux les complices d'un odieux assassinat.

*
* *

Et tandis que nos braves soldats, ceux-là dont les chefs ne

s'étaient points vendus à l'ennemi, tandis qu'ils se battaient vaillamment, courageusement et comme des lions contre tous ces assassins cachés dans des maisons et derrière les poteaux, le Fort-national, le Toussaint-Louverture et l'artillerie du Palais vomissaient sur la maison du Général Séide et contre ses troupes une pluie de boulets de mitrailles et de biscaiens. — Les mitrailleuses surtout, dirigées par le lâche Anselme Prophète, ce traite indigne de la mort, les mitrailleuses n'ont cessé de jouer depuis les premiers moments de la lutte jusqu'à 5 heures du matin... Dix heures de combat, d'un combat ardent, acharné, continu, et dont on ne peut avoir une idée à moins d'avoir été sur le terrain. . . . .

Cependant, dès 10 heures, le Général Séide, observant le combat pour organiser un nouveau moyen de défense, avait été atteint devant sa porte d'un biscaien au ventre. Et pendant que le valeureux Bottex tenait encore tête aux assaillants, pendant que l'immortel 27ᵉ régiment faisait des prodiges de bravoure contre un ennemi qui le fuyait toujours, le Général en chef, le martyr, rendait l'âme en s'écriant : « Les lâches ! ils m'ont assassiné. » . . .

Le combat fini, on pilla la maison du défunt, et on poussa ce pillage jusqu'aux bottes qu'il portait. . . . .

Les colonnes, ivres du sang dont elles venaient de s'abreuver, parcoururent victorieusement les rues du Port-au-Prince, sans honte, sans pudeur, criant, vociférant contre celui dont la mort ne semblait pas suffire à leur rage infernale,

Nos pauvres soldats qui ne purent s'échapper à temps, désarmés, subirent la dernière et la plus révoltante des avanies. On les força à se mettre à genoux, à crier « Vive Légitime » et à embrasser la terre en jurant de ne plus se rendre à la Capitale.

Les saturnales de Septembre 83 allaient commencer. Déjà les torches étaient prêtes et, la pince à la main, des bandes avides lancées contre les magasins de MM. Bobo, Tancrède Auguste et Carvalho, allaient répéter ces scènes de pillage dont le souvenir nous fait encore frémir. Et si ces actes de sauvagerie n'eurent point alors lieu, si le pillage et l'incendie ne couronnèrent pas l'assassinat, c'est grâce à l'autorité et à l'activité du général Hérard Laforest.

Nous nous dispensons de commenter tous ces faits, qui sont précis et que « La Vérité » par honte, et par indignation sans doute, n'a osé relater dans son N° du 29 Septembre.

Il ressort de toutes ces atrocités, de tous ces faits honteux que Monsieur Légitime a désormais sur son front une tache de sang qu'il ne pourra effacer. La contre-révolution, comme quelques-uns se sont plu à appeler cet assassinat, ayant été faite en son nom, il en emporte toute la responsabilité. C'est le moment ou jamais pour lui de s'écarter et de les livrer à eux-mêmes ceux-là qui l'ont poussé à commettre cet acte inqualifiable, et qui n'a pas de précédent.

Louis CONSCIENCE.

NOTE C

Gonaïves, le 16 Mars 1889.

A BORD DU « KERGUELEN »

Lundi, après le bombardement de Dimanche, nous avons reçu la visite du *Kerguelen*, vapeur de guerre français, ayant à son bord MM. de Sesmaisons et Boisrond-Canal.

Celui-ci se fit annoncer au Commandant de l'Arrondissement comme délégué de M. Légitime et lui fit demander une entrevue. Le Commandant de l'Arrondissement lui fit répondre : qu'étant soldat sous les ordres il n'avait aucune qualité pour recevoir des missionnaires, qu'il le priait donc de se rendre à Saint-Marc ou au Cap où il trouverait des membres du gouvernement. Que lui, il entendait rester dans la limite de ses devoirs, qui étaient de défendre le poste qui lui était confié.

Nous ne comprenons pas que M. Boisrond n'a pas prévu cette réponse correcte ; nous nous efforcerons de comprendre dans la suite du récit.

Le corps consulaire convoqué se rendit à bord où les consuls eurent une audience de M. Boisrond. Il les entretint de ce que la ville va être bombardée et que les généraux Piquant et St-Fleur vont l'assaillir par terre, et que lui qui a pris une part dans les événements, il se sentait une certaine part de responsabilité devant cette ville menacée de pillage et d'incendie. Comme ancien chef d'Etat, il venait, croyant compter sur l'influence qu'il peut exercer sur d'anciens lieutenants qu'il a dans cette ville, leur proposer de se rendre — accouché enfin. Voilà la substance du discours diploma-

— 242 —

tique de M. Boisrond dégagé de toute l'habileté de sa rhétorique.

Il compte sur d'anciens lieutenants ! Sa mission n'était donc qu'une mission d'embauchage.

Le corps consulaire rapporta la commission de M. Boisrond à l'autorité militaire qui convoqua le peuple et l'armée.

Tous jurèrent, avec le Commandant de l'Arrondissement et le général Jean-Jumeau de défendre leur propriété et leur vie, et de ne faire aucune concession à des êtres qui veulent s'emparer du pouvoir par la violence.

Les consuls rapportèrent à bord le résultat de leur démarche.

M. de Sesmaisons alors leur demanda de faire un protêt contre les autorités de la ville. Ils répondirent que ce serait indigner une population au milieu de laquelle ils vivent, et protestèrent contre la demande de M. de Sesmaisons.

Alors l'ex-Président d'Haïti, s'oubliant, a déclaré, entre autres choses, qu'il n'y a pas de généraux dans le Nord, et qu'il peut prendre Gonaïves à coup de bâton.

Merci de la bonne opinion que vous avez de ceux à qui vous avez commandé, en présence des étrangers. A l'occasion nous ferons l'expérience de votre bâton sur l'échine, comme de la torche de Piquant sur nos propriétés.

La population a fortement approuvé la conduite des consuls. Elle est à leur louange comme à la nôtre : elle prouve que nous vivons en bonne harmonie, et que les intérêts de la ville sont communs à tous ; et que tous à l'occasion savent faire leur devoir. En effet, les consuls établis sur notre place ne se sont jamais épargné la peine toutes les fois que, dans nos événements politiques, il fallait remplir une mission de conciliation. Ils ont même fait plus : ils se sont souvent exposés. Ils connaissent donc leurs devoirs. Mais on ne pouvait pas venir leur demander de protester contre un Commandant d'Arrondissement qui n'a aucun mandat pour recevoir une délégation de l'ennemi, et surtout quand le territoire de l'arrondissement n'est nullement envahi par l'ennemi, qu'au contraire on le bat partout où il ose se montrer chez nous.

Même quand l'ennemi serait à nos portes, faire une démarche humanitaire, en tant que l'on restait dans cette limite, c'était bien. Mais vouloir protester contre l'autorité qui repousse la démarche, parce qu'elle n'a pas mandat pour la circonstance, c'est nous donner beaucoup à réfléchir !!! . . . .

En somme, c'est un coup d'audace qui prouve une fois de plus que nos ennemis sont faibles et qu'ils emploient la ruse et le mensonge.

NOTE D

PRISE DE MARCHAND

Marchand est naturellement fortifié. Dessalines l'avait choisi pour sa capitale; de là le nom de Dessalines qu'il porte depuis.

Ce n'est que par surprise que l'ennemi a pu s'emparer de Marchand. Mais cette imprudence de l'ennemi devait lui coûter cher.

En s'étendant ainsi dans la plaine de l'Artibonite il s'est fait couper en deux.

Cependant Marchand demeurait toujours terrible. Une forte garnison composée de nos braves du Sud et de l'Ouest dignes de défendre une meilleure cause, trois mitrailleuses, plusieurs pièces de campagne et de la munition en suffisante quantité pour maintenir sa situation.

C'est dans ces conditions que le général Jean-Jumeau fut chargé d'enlever la position. Il était appuyé d'une armée solide et de lieutenants intrépides.

A 5 heures du matin, il ordonne la levée des troupes, il les harangue, prend ses dispositions. L'armée s'ébranle et se trouve à 6 heures en présence de l'ennemi.

Une grêle de balles et de mitrailles pleut sur notre armée.

Elle avance pleine de discipline et de conviction. La voix des chefs partout se fait entendre et partout est religieusement écoutée. Les chefs eux mêmes donnent l'exemple. Le général Vitélia Voltaire qui dirige une colonne tombe. La confusion se jette dans nos rangs non pour fuir, mais pour enlever son corps. Le général Jean Jumeau rétablit l'ordre et commande d'avancer.

En ce moment l'ennemi est obligé de se diviser pour faire face à la division du général R. Barjon qui arrive du côté du Pont Sonde et qui charge avec un égal élan.

L'émulation se met dans les rangs des deux corps d'armée et ils sont enfin aux pieds des remparts. Le général Mesyeux tombe. Un jeune homme qui, pour la première fois, s'est enivré de l'odeur de la poudre s'élance dans les remparts. Il est suivi à l'envi par toute l'armée.

L'ennemi retraite sous les yeux de nos troupes, nous abandonne une mitrailleuse et des pièces de campagne, et emporte deux autres mitrailleuses.

Le général Jean-Jumeau observe cette retraite de l'ennemi et ordonne à une de ses colonnes de lui couper le passage.

La colonne vole, rencontre l'ennemi sur la route de St-Michel. Le combat s'engage encore. Alors arrive la débacle. L'ennemi tombe dans les bois nous abandonnant les deux autres mitrailleuses. Son général Piquant peut à peine se sauver sur son cheval à poil.

Le général Jean-Jumeau veut profiter de sa victoire, et tandis que le général Barjon marche sur la Petite-Rivière qu'on évacue à son approche, il poursuit lui-même en personne les fuyards vers St-Michel.

NOTE E

Cap-Haïtien, le 26 avril 1889.

A Monsieur le Secrétaire d'Etat au Département des Cultes.

Monsieur le Secrétaire d'État,

Devant les mesures que prend le Gouvernement contre le clergé, je crois qu'il est de mon devoir de venir vous soumettre les réflexions qu'elles m'inspirent. Déjà sept prêtres sont au Cap, et ma conscience me presse de vous faire entendre ma voix d'Évêque en faveur de la liberté de l'Église.

1º Je ne suis pas surpris, Monsieur le Secrétaire d'État, de ce qui se passe; relisez ma lettre du 2 mars dernier; c'était au lendemain du communiqué où vous prétendiez nous défendre, mais où vous apposiez en réalité le sceau officiel aux calomnies des journaux et de tous les gens qui ne rougissent pas d'employer les moyens les plus déshonorants contre ceux dont il leur plaît d'être les ennemis. Je vous disais dans cette lettre : « Certains prêtres, » selon le communiqué, oublient leurs devoirs et font une propa- » gande scandaleuse. Quels sont-ils? Sont-ils nombreux? Où » sont-ils? Ils seront, M. le Secrétaire d'État, partout où il y a des » hérétiques, des libertins, des impies, en un mot, des ennemis » du prêtre. En fait, tout prêtre est dénoncé comme ennemi pu-

» blic, les populations sont excitées à la défiance contre le clergé,
» non plus cette fois par des particuliers, mais par le Gouverne-
» ment. » Il n'était nullement besoin d'être prophète, pour *voir*
que les conséquences dont nous sommes les victimes devaient logiquement résulter des causes que vous posiez.

2°. Cependant des prêtres inoffensifs ont été arrachés à leurs
paroisses, au moment où ils étaient le plus nécessaires à leurs
fidèles, pour l'accomplissement du devoir pascal. Ces prêtres ont
été traînés par les rues de la ville, comme de vils criminels, escortés de soldats, et poursuivis des huées d'une foule dont les applaudissements seraient un déshonneur pour d'honnêtes gens ; ils
ont dû se rendre ainsi de bureau en bureau, ne devrais-je pas dire
de tribunal en tribunal, jusqu'à ce que l'on ait prononcé contre
eux une sentence d'internement, sans se préoccuper de leur faire
connaître les motifs d'une si étrange condamnation, sans se soucier de leur qualité d'étrangers, ni du dévouement avec lequel
ils se sont dépensés pour le pays. A ces prêtres on a laissé à peine
quelques heures, à quelques-uns une heure seulement, pour se
préparer au départ, d'autres même ont été retenus au Cap où ils
étaient venus sans soupçonner la mesure qui devait les frapper.
En agissant ainsi, le Gouvernement s'est rendu responsable de
toutes les pertes qu'ils éprouveront, cela va de soi. — Mais qui
pourvoiera à leur subsistance au Cap? Certes, je suis fier et heureux de partager avec eux le peu que je possède, et même de
m'endetter pour leur procurer le nécessaire (mieux que personne,
Monsieur le Secrétaire d'État, vous êtes à même de savoir si mes
ressources sont abondantes); aussi je ne vous dis ceci que pour
mémoire.

3° Sans doute, les mêmes hommes qui ont prétendu rendre service au pays, et même à l'Église et à Dieu, en se déchaînant ainsi
contre le clergé, vous feront de beaux rapports où vous lirez que
les populations respirent enfin, délivrées de la pernicieuse influence des prêtres. Mais moi, qui suis l'Évêque du Cap et de toute
cette partie du Pays, moi qui suis chargé par Dieu d'aimer mes
diocésains, de me dévouer pour eux jusqu'à la mort et de procurer de tout mon pouvoir, non seulement leur bien spirituel, mais
aussi leur bien matériel, j'ai le devoir de vous répéter ce que je
vous ai dit et écrit plusieurs fois, que vous ne pouviez pas faire un
plus grand mal au Gouvernement provisoire et au Pays, qu'en

laissant calomnier le clergé, et finalement en le frappant, sous prétexte d'accusations dont l'injustice saute aux yeux de tout le monde.

4o. Vous savez, en effet, M. le Secrétaire d'État, que le clergé est innocent des prétendus crimes dont on l'accuse. Je n'en veux pour preuve que le silence que vous avez constamment gardé malgré mes réclamations et mes prières, sur les accusations dont *l'opinion publique* l'accable. En homme intelligent, vous sentiez bien que vous ne pouviez sérieusement prendre en considération des accusations si peu fondées. Une fois, il est vrai, vous m'avez énuméré des griefs : c'était contre M. l'abbé Martin. J'ai opposé des raisons, des preuves, je crois, aux accusations dont cet ecclésiastique était l'objet. Vous ne m'avez pas même accusé réception de ma lettre : elle reste donc dans toute sa force, pour établir l'innocence de M. l'abbé Martin. Cependant vous frappez ou vous laissez frapper des hommes que vous savez innocents.

5o. Mes prêtres ont la conscience d'être innocents. Aussi, ne croyez pas les avoir atteints par vos mesures : ils se regardent comme honorés; ils sont fiers, comme les premiers apôtres, d'avoir été trouvés dignes de souffrir pour le nom de Jésus. J'ai dit le mot : nous sommes poursuivis comme catholiques : c'est le grief qu'on a contre nous, il n'y en a pas d'autres. On prétend, je le sais bien, *défendre l'Eglise contre un clergé coupable;* cette logique n'est pas nouvelle; elle est vieille de dix huit siècles, et elle nous a été annoncée par Jésus-Christ. Pour atteindre la foi de l'Église, il faut commencer par frapper le clergé : on n'a jamais procédé autrement.

6o. Si j'en crois certains bruits que je pourrais nommer officiels, je passe pour un homme intraitable, avec lequel il est impossible de s'entendre. — Ceci non plus n'est pas nouveau, et les Évêques qui ont été mis dans la nécessité de défendre la liberté de l'Église ont toujours été traités ainsi. La vérité est, ma correspondance en fait foi, que j'ai tenté tous les moyens pour prévenir le mal dont nous gémissons. J'ai témoigné toutes les sympathies possibles au Gouvernement provisoire. D'abord, j'ai fait mes efforts pour empêcher la guerre civile; puis, lorsqu'a paru le programme que nous voyons s'exécuter, j'ai prié le Gouvernement de prendre les mesures dont je voyais l'indispensable nécessité. Quant vous m'avez parlé, d'une manière générale, des torts du

clergé, je vous ai prié de me formuler vos griefs, vous promettant de m'enquérir des faits et de vous faire part de mes renseignements ; vous n'avez pas répondu à mes lettres, et maintenant que le malentendu que je vous suppliais de conjurer produit de si regrettables conséquences, c'est moi qui suis accusé d'être de parti-pris, d'être un homme intraitable ! — Je ne puis mieux protester contre cette accusation, et, en même temps, contre toutes celles dont on poursuit mon clergé, qu'en m'appropriant les paroles que prononçait St-Ambroise dans une circonstance analogue à celle où je me trouve, quoiqu'elle fût beaucoup moins grave. Ce grand homme, un des plus célèbres docteurs de l'Église, et qui fut un si puissant soutien de l'État, en même temps que le défenseur des intérêts de la foi, commence par donner le démenti à ceux qui veulent le présenter comme un ennemi de l'ordre établi, et déclare qu'il n'y a pas à craindre de violence de sa part, mais qu'il ne peut sacrifier les droits de Dieu : « Je ne puis, dit-il, ni céder
» l'Église, ni combattre l'Empereur. J'en appelle à Jésus-Christ de
» ce que fera l'empereur... Eh bien ! oui, nous avons, nous aussi,
» notre tyrannie. La tyrannie du prêtre, c'est son infirmité.
» *Quand je souffre, je suis puissant*, dit-il avec l'Apôtre... Non, non,
» les vrais ennemis, ce ne sont pas les prêtres qui souffrent, ce
» sont ceux qui les font souffrir... Quelles raisons peuvent avoir
» ces gens de s'en prendre à un ver de terre comme moi ! Ce n'est
» pas moi, mais c'est l'Église qu'ils attaquent... Je prie Dieu qu'il
» éloigne du pays les maux dont il souffre, et ceux, plus grands
» peut-être, qu'on lui prépare, qu'il ne dirige que sur moi les
» traits des méchants, dût leur soif de vengeance s'abreuver de
» mon sang. »

Agréez, je vous prie, Monsieur le Secrétaire d'État, l'assurance de ma haute considération.

François Marie, Évêque du Cap-Haïtien.

LIBERTÉ	ÉGALITÉ	FRATERNITÉ

RÉPUBLIQUE D'HAÏTI.

Section
de la correspondance générale.
N° 11.

Cap-Haïtien, le 1er mai 1889, an 86e de l'Indépendance.

Le Conseiller chargé du service du Département des Cultes.

A Sa Grandeur, Monseigneur l'Évêque du Cap-Haïtien.

Monseigneur,

M'étant absenté de cette ville pour une entrevue avec Monsieur le Président provisoire de la République, ce n'est que hier, que j'ai pu prendre communication de votre lettre du 27 avril dernier, n° 23.

Vous avez daigné me soumettre les réflexions que vous inspirent les mesures que prend le Gouvernement provisoire contre le *clergé*; votre conscience vous a pressé de me faire entendre votre voix d'Évêque en faveur de la liberté de l'Église.

Je ne puis que louer et admirer la généreuse idée qui vous a fait agir; car je suis persuadé que vous n'êtes guidé que par le noble désir d'accomplir votre devoir, — tel que vous l'entendez, — en défendant quand même vos prêtres qui sont le clergé, qui sont même l'Église dont vous devez défendre la liberté !

A ne considérer les choses qu'à ce point de vue, il me semble que je n'ai rien à dire, puisque je ne puis me faire juge de votre conscience, ni discuter les mobiles qui la dirigent. Ce respect que j'ai toujours professé pour tous les actes d'une conscience dont les impulsions me sont incompréhensibles, mais que je crois sincère, m'a souvent porté à fuir des discussions trop accentuées avec vous. Cependant, tout me laisse voir que cette retenue absolument religieuse a été autrement appréciée par V. G.; aussi est-ce pourquoi je me fais le devoir de répondre de point en point à vos différentes réflexions.

1°. Il faudra une complaisance excessive pour admettre avec vous, Monseigneur, que c'est le *communiqué* de la Secrétairerie d'État de l'Intérieur contre les assertions inexactes du journal « l'Argus » qui est la cause des difficultés survenues entre l'autorité et les prêtres de la campagne. Il est vrai que dans votre lettre du 2 mars dernier, vous en tiriez les mêmes déductions que vous évoquez aujourd'hui ; mais est-il moins incontestable que sans M. l'abbé Martin dont la conduite a eu des conséquences aussi désastreuses au Trou, et que vous avez bien voulu défendre malgré l'évidence des faits, le Gouvernement provisoire qui a toujours montré la plus grande patience et la plus persévérante modération dans ses rapports avec le clergé, aurait continué encore à fermer les yeux sur les agissements des prêtres qui cherchent à le ruiner par leurs propagandes et leurs manœuvres occultes ?

Lorsque vous écrivez que dans le communiqué en question « j'apposais en réalité le sceau officiel aux calomnies des jour-
» naux et de tous les gens qui ne rougissent pas d'employer les
» moyens les plus déshonorants contre ceux dont il leur plaît
» d'être les ennemis, » je trouve, Monseigneur, que vous sortez malheureusement de la réserve que commande votre caractère épiscopal, en me plaçant ainsi à la tête de ceux que vous prétendez être des calomniateurs et qui ne rougissent pas d'employer les moyens les plus déshonorants. Une correspondance où l'on arrive à ces extrémités est absolument regrettable ; elle l'est encore davantage quand elle est signée d'un pasteur des âmes.

Au demeurant, je suis encore à chercher comment j'ai pu poser les causes dont devaient logiquement résulter les conséquences dont vous et vos prêtres êtes les victimes. Il faudrait, sans doute, pour *voir* cela, être autre chose que prophète.

2o. Vous avancez, Monseigneur, que des prêtres que vous trouvez toujours inoffensifs « ont été traînés par les rues de la ville comme
» de vils criminels, escortés de soldats et suivis des huées d'une
» foule dont les applaudissements seraient un déshonneur pour
» d'honnêtes gens ; ils ont dû se rendre ainsi de bureau en bu-
» reau, ne devrais-je pas dire de tribunal en tribunal jusqu'à ce
» que l'on ait prononcé contre eux une sentence d'interne-
» ment. »

Comme j'ai eu l'honneur de vous le dire, j'étais absent de cette ville ; je me suis adressé tant aux autorités qu'à des particuliers : tout le monde m'a plutôt affirmé que Messieurs les curés sont entrés ici sur des chevaux fringants, suivis de leurs bêtes de charges montées de leurs pions, et ont traversé la ville au galop, comme d'ordinaire, en se dirigeant au presbytère ou à l'évêché. Ne pouvant juger entre votre dire et celui des autres, je vous prie, au moins, de me faire savoir dans quels bureaux de la ville et par quels soldats vos prêtres ont été traînés ou escortés.

Je vénère trop votre saint caractère pour penser que des faits aussi regrettables que ceux dont vous faites l'émouvant tableau n'aient été avancés contre l'honneur du Gouvernement que pour les seuls besoins de la rhétorique apologétique. Pour ce qui concerne les huées de la foule, je ne puis contrôler votre assertion; mais ce serait encore un indice du grand discrédit populaire que vos prêtres se sont attiré par leur conduite. Heureusement, vous méprisez ces gens. Jésus-Christ, vivant dans les siècles reculés, aurait au moins pitié de cette foule; mais en 1889 de l'ère chrétienne un évêque a bien le droit de considérer ses applaudissements comme un déshonneur.

Il est encore bon de remarquer que l'internement de vos prêtres au Cap est une mesure préventive propre a éviter la répétition des faits qui ont eu lieu au Trou, et non une sentence impliquant une peine corporelle ou pécuniaire. Vos prêtres sont libres de circuler dans toute la ville, de pratiquer le culte divin, de travailler à leur sanctification ; la seule chose que le Gouvernement a voulu leur retirer, c'est le moyen de comploter avec ses ennemis pour leur faciliter l'entrée dans les bourgs dont ils desservent les paroisses; en le faisant, il use purement et simplement du droit de la défense.

3º. Il est possible, Monseigneur, que vous ne fassiez aucun cas des rapports qui me sont faits par les autorités locales sur la conduite des prêtres ; mais le Gouvernement ne peut mépriser ces rapports sans s'exposer à voir répéter partout les scènes qui ont eu lieu au Trou 11 avril dernier. Le tort que vous croyez être fait au Gouvernement provisoire et au Pays par les mesures qui ont été prises envers les prêtres de la campagne, n'équivaudra jamais aux pertes de personnes et de propriétés dont un complot de prêtres a été la cause.

4º. Vous déclarez, Monseigneur, que je *sais* que le clergé est innocent des prétendus crimes dont on l'accuse. Il y a là une confusion de mots qu'il faut éclaircir. Suivant les principes de la saine raison, je n'ai jamais voulu confondre le clergé comme corps, avec les prêtres pris individuellement, en quelque nombre qu'ils se trouvent ; mais cette distinction faite, comment peut-on dire que je *sais* que les prêtres de la campagne sont innocents, lorsque je ne suis point sur les lieux où ils agissent, et que ceux qui sont à même de savoir ce qu'ils font, les dénoncent comme faisant une propagande nuisible à l'ordre de choses établi !

Quand vous m'avez répondu en prenant la défense de M. l'abbé Martin, je n'ai pas trouvé nécessaire de répondre à votre réponse. Dans ce que vous avez dit, le Gouvernement a vu l'intention arrêtée de lui refuser toute satisfaction, quels que soient les faits dont vos prêtres pourraient se rendre coupables, et il a dû agir dans la plénitude de son autorité. Vous voudriez sans doute que j'eusse accusé réception de votre lettre du 15 avril qui n'était qu'une réponse à ma lettre du 13 du même mois ; vous auriez répondu à la réponse que j'aurais faite à votre réponse, et il m'aurait fallu répondre à cette nouvelle réponse et ainsi de suite, lorsque toutes les ressources de la scolastique et de la casuistique nous laisse, à vous comme à moi, les moyens d'éterniser cette correspondance ! Il faut avouer que ce serait une façon trop commode d'annuler l'action du Gouvernement dans une de ces discussions qu'on nomme byzantines.

5° Vous dites, Monseigneur, que vos prêtres ont la conscience d'être innocents. Le Gouvernement, je vous le répète, ne juge ni ne condamne ces prêtres ; agissant dans une sphère administrative beaucoup plus humble, il a simplement pris des mesures préventives, de nature à le mettre à l'abri de toutes manœuvres désagréables de leur part. Je suis heureux de savoir par votre lettre qu'ils ne sont pas atteints : nous pouvons être en paix, puisque le résultat que le Gouvernement a voulu obtenir a été obtenu sans atteindre personne.

Par esprit de charité, chacun ne peut que s'en réjouir.

Depuis Dioclétien, l'Eglise a tant progressé que vos prêtres, oubliant les martyres des premiers apôtres, se sentent aussi fiers de leur internement au Cap que St.-Etienne de son lapidement ou St.-Pierre de son crucifiement la tête en bas ; mais tout en admirant cet exemple de haute humilité, s'il m'est permis de joindre ces deux mots, il m'est difficile de penser, Monseigneur, que nos adversaires de Port-au-Prince représentent maintenant l'entité hypostatique de Jésus, fils du Dieu vivant. Le saint nom de Jésus ne doit pas être mêlé dans cette affaire : gardons plutôt notre foi pour l'adorer, chacun selon les grâces qui lui ont été données du Ciel. Le Gouvernement s'oublierait gravement s'il prétendait *défendre l'Eglise* contre *un clergé coupable* ; ce serait empiéter sur votre domaine épiscopal, et je puis vous donner pleine assurance qu'il n'en sera jamais ainsi.

6° Suivant les bruits que vous pourriez nommer officiels, dites-vous, vous passez pour un homme intraitable. Je ne sais comment et par qui des bruits officiels sont parvenus à V. G. En tout cas, je n'ai jamais manqué de rendre hommage à l'aménité et à la bienveillance dont vos relations personnelles m'ont toujours paru empreintes. Mais on ne peut nier que votre préoccupation de protéger vos prêtres ne soit poussée à un degré qui vous porte à les innocenter quand même. C'est à ce point que vous confondez, — involontairement peut-être, — la liberté de l'Eglise avec les agissements de ces prêtres et que vous pensez continuer la tradition des saints Evêques qui ont eu à défendre cette liberté dont la sphère est toute spirituelle et consiste plutôt dans les actes de foi que dans les actions politiques.

Comme je l'ai dit en commençant, je suis persuadé, Monseigneur, que vous n'agissez que dans l'idée d'accomplir votre devoir, — tel que vous l'entendez ; — mais n'est-il pas aussi permis au Gouvernement de considérer les choses autrement que vous ne les considérez ? C'est mon humble opinion. Ainsi les moindres études patristiques suffisent pour faire sentir que les paroles de St.-Ambroise que vous citez à la fin de votre lettre ne sont nullement applicables aux faits qui ont motivé vos réflexions ; cependant il vous a plu de les reproduire dans une intention que je suis obligé de respecter, puisqu'elle échappe à mon jugement.

Agréez, je vous prie, Monseigneur, l'assurance de ma haute considération.

A. FIRMIN.

NOTE F

LIBERTÉ　　　　　　　ÉGALITÉ　　　　　　　FRATERNITÉ
RÉPUBLIQUE D'HAÏTI.

Section de la corresp. générale.
N° 1067.

Coco-clairville, le 12 Mars 1889, an 86ᵉ de l'Indépendance.

LE SECRÉTAIRE D'ETAT.

Aux Département de la Guerre et de la Marine.
Au Curé de la paroisse du Trou.

Monsieur le Curé,

Il y a de cela cinq mois, pour une raison injuste que l'on couvrait du voile le plus impur et le plus malheureux, trois départements du Nord, Nord-Ouest et l'Artibonite se soulevaient contre l'Ouest et le Sud et particulièrement contre la candidature à la Présidence d'un citoyen, qui n'avait pas perdu ses titres à la confiance et aux affections de ses frères : J'ai nommé le général F. D. Légitime, aujourd'hui élu par une majorité constitutionnelle, Président de la République, et dont les pouvoirs ont été reconnus par toutes les puissances étrangères.

Vous savez quelle part j'ai prise dans les scènes politiques qui se déroulaient alors, tandis qu'à côté de la candidature du général Légitime, croissait heureusement celle de feu le général Séïde Thélémaque. — Je voulais me retirer des affaires, quand le Gouvernement provisoire dont le général Thélémaque était membre imposa à mon patriotisme de garder le Palais national. Vous savez ce qui en est advenu : On a essayé impunément et criminellement de tacher mon honneur militaire et de me draper du manteau d'un vil assassin.

L'histoire relatera ces faits et donnera à chacun sa part de responsabilité.

Le Nord dont je suis un des fils les plus dévoués, par la voix de quelques vils machinateurs politiques, me plaçait au pilori et me désignait pour être sa victime expiatoire.

Je suis à cette heure, Monsieur le Curé, aux portes du Trou, à la tête de mon armée. Mes forces sont puissantes et mes coups portent juste. Les différentes victoires que je compte sur l'ennemi l'attestent. Vous connaissez bien, Monsieur le Curé, combien est puéril et systématique le principe de la révolution contre laquelle je suis en marche.

Je vous écris, Monsieur le curé, comme pasteur de Dieu, comme esprit neutre. Je me dois ce devoir sacré entre tous. Je suis fils du Trou. Je n'entends pas, sous aucune réserve, porter le fer dans le sein de ma mère. J'accorde, aux portes du Trou, amnistie pleine et entière, à tous les citoyens qui n'ont pas pris une part active dans cette révolution.

Cette amnistie, je l'accorde aux amis, comme aux ennemis, aux adhérents comme aux réfractaires. Je vous envoie, avec la présente, une adresse à la population du Trou. Faites-la me porter ses fruits. Si le Trou n'écoute pas ma voix, si le bras que je tends à mes frères est repoussé, je serais inexorable envers tous ceux qui restent sourds : leur vie sera la proie de mes soldats, et contrairement à tous les temps, les sauvés du naufrage, même sur la terre étrangère, en ressentiront le contre-coup malheureux et regrettable.

Mon armée a reçu ordre de ne point protéger. Je ne serai donc pas responsable de ce qui pourra arriver. Je serai impuissant pour les arrêter.

Epargnez ces malheurs, car il est encore temps.

Je crois maintenant ma tâche achevée et ma conscience pure. Près de vous, fils du Trou, je vous ai parlé. Je vous ai rappelé vos devoirs et les miens. Rappelez-les à la raison. Je marche avec trois mitrailleuses, un obusier, beaucoup de munitions et des milliers de soldats de troupes disciplinés.

Avec le secours de Dieu, la victoire est certaine. Faites éviter un carnage au Trou et une amertume à mon cœur. Je vous répète encore : Je serai impuissant pour arrêter l'ardeur de mes soldats.

Le général Joseph Prophète doit attaquer « Lasalle » et s'emparer de « Ouanaminthe ». Le commandant de l'arrondissement de Vallière et ses hommes doivent marcher pour envahir les Perches, la Vigie et le Fort-Liberté.

Moi, je dois entrer au Trou et, en cas de résistance soutenue, bombarder le bourg et en forcer l'entrée.

Faites lire l'adresse à tous les frères du bourg. Et je donne 48 heures pour répondre à mon attente. Passé ce délai, je ne serai plus responsable des malheurs que je prévois pour mon pauvre pays, malheurs qui arriveront irrévocablement.

Je vous prie donc, Monsieur le curé, pour épargner ces malheurs, de tenter avant d'accomplir un devoir, celui de chercher par tous les moyens en votre pouvoir de faire avoir indirectement au général Dutrévil Lamour la lettre à son adresse

Jettez-la même devant sa porte la nuit ou le jour.

Je vous salue affectueusement.

(Signé) A. PROPHÈTE.

Trou, le 15 Mars 1889.

Au Général Turenne Jean Gilles, chef de l'armée du Trou.

Général,

Emu d'entendre dire que l'ennemi marche sur nous avec de grandes forces, décidé à massacrer, à piller et à incendier, je viens m'offrir à vous comme prêtre, ministre de Dieu, et comme parti neutre pour être arbitre de paix et de conciliation.

Si vous acceptez ma proposition, j'irai trouver le chef ennemi muni d'un sauf conduit de votre main et je lui exposerai vos conditions de conciliation.

En faisant ceci je remplis un devoir de ma charge.

S'il est vrai que l'ennemi possède une armée formidable, ce sera le massacre. De là le pillage et l'incendie s'en suivront.

Songez, général, que vous êtes époux et père vous-même. Songez, je vous en prie, aux pauvres veuves, aux orphelins, aux mères désolées qui survivront après une si terrible bataille.

Général, je vous dis ceci, parce que je connais votre patriotisme et votre bon cœur.

La charité sacerdotale m'a fait faire cette démarche auprès de vous, plaise à Dieu qu'elle ne soit pas infructueuse !

Si elle mérite votre bonne attention, soyez assez bon, je vous prie, pour me faire une petite réponse.

Agréez, Général, l'expression de mes sentiments les plus dévoués.

MARTIN,
Curé du Trou.

Imprimerie Jouve, 15, rue Racine, Paris.

TABLE DES MATIÈRES

	Pages
Déclaration du général S. Thélémaque	1
Proclamation du Comité révolutionnaire du Cap Haïtien	7
Ordre du jour du général S. Thélémaque, en date du 8 août 1888.	12
Ordre du jour du général S. Thélémaque, annonçant l'adhésion de la commune d'Ennery	14
Arrêté du Comité révolutionnaire départemental du Nord, mobilisant la garde nationale	15
Ordre du jour du général Thélémaque, en date du 12 août	16
Proclamation du Comité révolutionnaire central du Nord, annonçant l'embarquement de M. Salomon	19

ACTES DE LA DEUXIÈME RÉVOLUTION

Protestation des citoyens du Cap Haïtien contre l'assassinat du général S. Thélémaque	22
Protestation de la commune de la Grande-Rivière du Nord	25
Acte de déclaration de la ville des Gonaïves	26
Déclaration des habitants de Jean-Rabel	28
Protestation des habitants de Port-de-Paix	30
Protestation de l'arrondissement de Fort-Liberté	33
Protestation de l'arrondissement du Trou	35
Protestation de la commune de Hinche	37
Protestation de la commune de la Petite-Rivière de l'Artibonite	38
Décret qui dissout le gouvernement provisoire du 24 août 1888	42
Décret portant nomination du général Hyppolite comme général en chef de l'armée révolutionnaire et président du Comité central du Nord	45
Arrêté mobilisant les gardes nationales et les corps de volontaires du Nord	46
Ordre du jour du général Hyppolite, en date du 12 octobre 1888	47
Protestation du Comité révolutionnaire central contre la nomination de M. Légitime comme Chef du Pouvoir exécutif	49
Protestation de l'arrondissement du Limbé	52
Protestation de l'arrondissement du Fort-Liberté	54

— 258 —

Protestation du Comité révolutionnaire de Saint-Marc............	56
Protestation de l'arrondissement du Port-de-Paix...............	57
Protestation de l'arrondissement de Jacmel.....................	59
Décret portant convocation des constituants dans la ville des Gonaïves..	60
Décret qui fixe à 80 centimes la valeur de la piastre mexicaine..	63
Projet de *Déclaration* du constituant J.-B.-N. Desroches..........	64
Protestation de l'Assemblée constituante contre la nomination de M. Légitime comme *chef du Pouvoir exécutif*, et contre les actes de l'Assemblée de Port-au-Prince................................	70
Révolution de l'Assemblée constituante.........................	72
Lettre circulaire du Comité révolutionnaire central du Nord, relatant la mission du navire de guerre français « *Le Bisson* » au Cap-Haïtien..	75
Adresse du Comité central des Gonaïves, annonçant la formation d'un gouvernement provisoire...................................	83
Décret du Comité central des Gonaïves, portant formation du gouvernement provisoire du 27 novembre 1888.................	85
Décret du Comité central des Gonaïves, fixant les indemnités des constituants réunis en cette ville................................	90
Proclamation du général Hyppolite, président provisoire de la République, en date du 1er décembre 1888......................	91
Arrêté du 1er décembre 1888, portant formation du premier cabinet du gouvernement provisoire.................................	95
Proclamation du général Hyppolite, en date du 1er janvier 1889.	96
Décret qui autorise l'émission de 2 millions de gourdes en papier-monnaie..	107
Décret d'amnistie en faveur des habitants de Vallière, de la Sainte-Suzanne et du Mont-Organisé...........................	113
Ordre du jour du général Mompoint jeune, annonçant la prise du bourg de Marchand...	115
Ordre du jour du général Mompoint jeune, annonçant l'évacuation des bourgs de la Petite-Rivière de l'Artibonite et des Verettes..	117
Ordre du jour du général Nord Alexis, annonçant la soumission de la commune de Saint-Raphaël..................................	119
Ordre du jour du conseiller St-M. Dupuy, en date du 12 mai 1889.	121
Arrêté du général Mompoint jeune, amnistiant les habitants de *La Chapelle*, de *La Selle* et de tous les autres points de l'arrondissement de Mirebalais..	122
Acte d'adhésion des habitants de Mirebalais.....................	123
Acte d'adhésion des habitants de Las Cahobas...................	124
Adresse du général Mompoint jeune aux habitants de Las Cahobas..	125

Ordre du jour du conseiller St-M. Dupuy, en date du 14 mai 1889. 126
Ordre du jour du général Mompoint jeune, annonçant l'adhésion du Mirebalais.. 127
Ordre du jour du général Nord Alexis, en date du 25 mai 1889.. 128
Proclamation du général Hyppolite, annonçant les succès des troupes protestataires sur tous les points........................ 130
Ordre du jour du général Mompoint jeune, annonçant la prise du *Camp-Guibert*.. 135
Adresses des populations des trois départements protestaires pour offrir au général Hyppolite la *Présidence définitive* de la République... 137
Réponse du général Hyppolite à l'adresse de la ville de Saint-Marc.. 158
Décret du gouvernement provisoire, érigeant en arrondissements les communes de Hinche et de Vallière........................ 160
Décret qui ordonne l'émission de 225 000 en billets de 10, 25 et 50 centimes.. 161
Décret qui érige en communes les quartiers de *Maïssade, Cercala-Source, Pilate, Ranquitte, Baie-de-Henne, La Chapelle*....... 163
Ordre du jour du général Mompoint jeune, annonçant la prise de la commune de la *Croix-des-Bouquets*........................ 165
Adresse du gouvernement provisoire à la ville de Port-au-Prince... 166
Décret du gouvernement provisoire annulant les actes de l'Assemblée de Port-au-Prince.. 171
Ordre du jour du Président provisoire, annonçant la prise de Williamson.. 173
Ordre du jour annonçant la prise de « *Frères* »...................... 175
Adhésion de la ville des Cayes.. 177
Décret de la Délégation des Cayes, constituant un Conseil administratif... 178
Ordre du jour du général A. Simon, en date du 29 juillet 1889... 179
Adresse de la Délégation du gouvernement provisoire à la population des Cayes... 182
Ordre du jour de la Délégation des Cayes, annonçant l'adhésion des arrondissements d'Aquin et des Côteaux.................. 183
Ordre du jour du Président provisoire, en date du 5 août 1889... 187
Ordre du jour de la Délégation des Cayes, annonçant la prise de Jacmel et la mort du général Dardignac.................... 189
Proclamation du Président provisoire, relatant la mission de MM. Zohrab et Garrido, à Saint-Marc......................... 193
Circulaire du Président provisoire aux généraux Nord Alexis et Mompoint jeune... 194

Lettre de MM. Thompson et Garrido au gouvernement provisoire.. 199
Réponse de M. Firmin à MM. Thompson et Garrido.............. 200
Note du gouvernement provisoire arrêtant l'ordre de l'entrée des troupes protestataires à Port-au-Prince....................... 201
Proclamation du gouvernement provisoire annonçant la fin de la guerre.. 204
Décret du gouvernement provisoire qui crée de nouvelles commissions communales... 210
Décret convoquant les assemblées primaires pour l'élection de nouveaux constituants 215
Proclamation du général Hyppolite, en date du 1er septembre 1889.. 218
Pièces annexes 222

www.ingramcontent.com/pod-product-compliance
Lightning Source LLC
Chambersburg PA
CBHW050317170426
43200CB00009BA/1351